William Pereira Alves

Desenvolvimento de Aplicações Web com

Wordpress 4.8

Av. das Nações Unidas, 7221, 1º Andar, Setor B
Pinheiros – São Paulo – SP – CEP: 05425-902

SAC 0800-0117875
De 2ª a 6ª, das 8h00 às 18h00
www.editorasaraiva.com.br/contato

Vice-presidente	Claudio Lensing
Coordenadora editorial	Rosiane Ap. Marinho Botelho
Editora de aquisições	Rosana Ap. Alves dos Santos
Assistente de aquisições	Mônica Gonçalves Dias
Editora	Silvia Campos Ferreira
Assistente editorial	Paula Hercy Cardoso Craveiro
Editor de arte	Kleber de Messas
Assistentes de produção	Fabio Augusto Ramos
	Katia Regina
Produção gráfica	Sergio Luiz P. Lopes

Edição	Rosana Arruda da Silva
Preparação	Claudio Brites
Revisão	Édio Pullig
Capa	M10 Editorial
Diagramação	Metodológica
Impressão e acabamento	Bercrom Gráfica e Editora

DADOS INTERNACIONAIS DE CATALOGAÇÃO NA PUBLICAÇÃO (CIP)
ANGÉLICA ILACQUA CRB-8/7057

Alves, William Pereira
  Desenvolvimento de aplicações web com Wordpress 4.8 / William Pereira Alves. – São Paulo: Érica, 2018.
  128 p. : il.

Bibliografia
ISBN 978-85-365-2750-5

1. WordPress (Recurso eletrônico) 2. Sites da web – Projetos 3. Sites da web – Desenvolvimento I. Título.

18-0314
CDD-006.78
CDD-004.738.5

Índices para catálogo sistemático:
1. Web sites : Projetos : Wordpress

Copyright© 2018 Saraiva Educação
Todos os direitos reservados.

1ª edição
2018

Autores e Editora acreditam que todas as informações aqui apresentadas estão corretas e podem ser utilizadas para qualquer fim legal. Entretanto, não existe qualquer garantia, explícita ou implícita, de que o uso de tais informações conduzirá sempre ao resultado desejado. Os nomes de sites e empresas, porventura mencionados, foram utilizados apenas para ilustrar os exemplos, não tendo vínculo nenhum com o livro, não garantindo a sua existência nem divulgação.

A ilustração de capa e algumas imagens de miolo foram retiradas de <www.shutterstock.com>, empresa com a qual se mantém contrato ativo na data de publicação do livro. Outras foram obtidas da Coleção MasterClips/MasterPhotos© da IMSI, 100 Rowland Way, 3rd floor Novato, CA 94945, USA, e do CorelDRAW X6 e X7, Corel Gallery e Corel Corporation Samples. Corel Corporation e seus licenciadores. Todos os direitos reservados.

Todos os esforços foram feitos para creditar devidamente os detentores dos direitos das imagens utilizadas neste livro. Eventuais omissões de crédito e copyright não são intencionais e serão devidamente solucionadas nas próximas edições, bastando que seus proprietários contatem os editores.

Nenhuma parte desta publicação poderá ser reproduzida por qualquer meio ou forma sem a prévia autorização da Saraiva Educação. A violação dos direitos autorais é crime estabelecido na lei nº 9.610/98 e punido pelo artigo 184 do Código Penal.

| CL | 642009 | CAE | 626941 |

FABRICANTES

⟨ PRODUTO: MYSQL ⟩

Fabricante: Oracle Corporation
Rua Dr. José Áureo Bustamante, 455 - Vila Cordeiro
São Paulo - SP
CEP: 04710-090
Telefone: +55 11 5189-1000
Site: www.oracle.com (inglês)
www.oracle.com/br (português)

⟨ PRODUTO: PHP ⟩

Fabricante: The PHP Group
Site: www.php.net

⟨ PRODUTO: APACHE ⟩

Fabricante: The Apache Software Foundation
401 Edgewater Place, Suite 600
Wakefield, MA 01880
U.S.A.
Site: www.apache.org

⟨ PRODUTO: WORDPRESS ⟩

Fabricante: WordPress.com
Site: https://br.wordpress.org

REQUISITOS DE HARDWARE E DE SOFTWARE

⟨ HARDWARE ⟩

- Microcomputador com processador Intel Core i3 e clock de 2,5 GHz ou superior
- 2 GB de memória RAM (recomendável 4 GB)
- 40 GB de espaço disponível em disco rígido
- Mouse ou outro dispositivo de entrada
- Placa de vídeo SuperVGA com capacidade de resolução de 1024 x 768 pixels
- Monitor de 17 polegadas
- Unidade de DVD/CD-ROM
- Modem e acesso à Internet

⟨ SOFTWARE ⟩

- Sistema operacional Windows 8 ou versão superior
- Servidor web Apache 2.4, ou versão superior
- MySQL 5.6, ou versão superior
- PHP 7, ou versão superior
- WordPress 4.8.3, ou versão superior

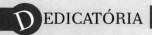

DEDICATÓRIA

É com amor que dedico esta obra à minha querida esposa Lucimara e aos meus filhos Brian e Liam, e agradeço pela compreensão e paciência.

Aos meus pais, meus irmãos e aos familiares de minha esposa.

E, por fim, uma dedicação especial a meus avós e meus sogros, pessoas queridas que não se encontram mais entre nós.

AGRADECIMENTOS

Meus sinceros e enormes agradecimentos a todo o pessoal da Editora Érica-Saraiva pela confiança depositada mais uma vez em meu trabalho.

Aos meus amigos e professores do curso de Análise e Desenvolvimento de Sistemas do Centro Universitário Claretiano de São Paulo.

SOBRE O AUTOR

William Pereira Alves é formado em Análise e Desenvolvimento de Sistemas pelo Centro Universitário Claretiano de São Paulo. Autor de diversos livros sobre computação desde 1992, contando com diversas obras já publicadas, que abrangem as áreas de linguagens de programação (Delphi, C/C++, Java, Visual Basic, PHP), bancos de dados (Access), computação gráfica (CorelDRAW, Illustrator e Blender), desenvolvimento de sites (Dreamweaver, Flash e Fireworks) e de aplicações para Palm/Pocket PC.

Atuando na área de informática desde 1985, trabalhou na Cia. Energética de São Paulo (CESP) e na Eletricidade e Serviços S.A. (Elektro) no desenvolvimento de sistemas aplicativos para os departamentos comercial e de suprimento de materiais, inclusive com a utilização de coletores de dados eletrônicos e leitura de códigos de barras.

SUMÁRIO

Apresentação...11

1 PRINCÍPIOS DO WORDPRESS

1.1 Apresentação do WordPress **14**

1.2 Instalação do Apache..**15**

1.3 Instalação do MySQL...**20**

1.4 Instalação do PHP..**21**

1.5 Obtenção do WordPress......................................**25**

Exercícios **26**

2 CRIAÇÃO DE WEBSITE COM WORDPRESS

2.1 Instalação do WordPress......................................**28**

2.2 Criação de site **29**

Exercícios **38**

3 PERSONALIZAÇÃO DO SITE

3.1 Apresentação do painel..**40**

3.2 Edição do site...**44**

3.3 Cores e menus..**49**

Exercícios **52**

4 MAIS PERSONALIZAÇÃO E GESTÃO DE USUÁRIOS

4.1 Configurações diversas...**54**

4.2 Gerenciamento de usuários..................................**59**

4.3 Criação de posts...**62**

4.4 Edição de páginas **66**

Exercícios **71**

5 ADIÇÃO DE PÁGINAS E CRIAÇÃO DE LINKS

5.1 Edição da página de produtos.............................**73**

5.2 Inclusão de novas páginas.................................**75**

5.3 Definição de links para as páginas...................**81**

5.4 Inserção de imagens..**83**

Exercícios...**87**

6 EDIÇÃO DE PÁGINA E ADIÇÃO DE PLUGIN

6.1 Cor de textos e linha horizontal.......................**89**

6.2 Álbum de imagens..**90**

Exercícios...**98**

7 TEMAS, WIDGETS E MENUS

7.1 Conceito de temas..**100**

7.2 Instalação de uso de temas............................**101**

7.3 Widgets e menus..**108**

Exercícios...**114**

8 PUBLICAÇÃO DO SITE

8.1 Como exportar o banco de dados....................**116**

8.2 Importação das tabelas do banco de dados....**119**

8.3 Envio dos arquivos do site..............................**123**

Bibliografia...**128**

Marcas registradas...**128**

APRESENTAÇÃO

O WordPress, um dos sistemas mais utilizados para gerenciamentos de conteúdo *(Content Management System – CMS)*, revolucionou a forma de se desenvolver sites, tanto pessoais quanto empresariais, com um bom nível de sofisticação.

Escrever sobre essa ferramenta foi um trabalho extremamente fascinante. A principal preocupação foi elaborar uma obra didática, com explicações fáceis de entender, que não se resumisse, simplesmente, na descrição dos inúmeros recursos oferecidos, mas se tornasse um guia para iniciantes, por meio de um projeto completo passo a passo.

O livro apresenta os recursos essenciais do WordPress, como personalização do site com uso de temas, plugins e widgets, gerenciamento de usuários, inserção de imagens, adição de páginas e criação de links para invocá-las, criação de menus etc.

O projeto de estudo se refere a um site de uma produtora fictícia de softwares comerciais, abrangendo a apresentação e descrição dos softwares desenvolvidos por ela. Não é uma loja virtual, mas um site com apelo mais institucional. Algumas imagens foram utilizadas de um banco de imagens gratuito para ilustrar os exemplos, disponível em <www.freeimages.com/photo/>. No site da editora, também são disponibilizados alguns arquivos que foram utilizados no projeto.

O aprendizado é iniciado com uma introdução ao WordPress, configuração do servidor web Apache, do MySQL e do interpretador PHP. O Capítulo 2 é dedicado à instalação e descrição do procedimento de criação de um site com o uso desse framework.

A personalização do site é tema dos Capítulos 3 e 4, nos quais são abordados a alteração da imagem de fundo, os textos constantes na página principal, configuração dos parâmetros, o gerenciamento de usuários, a inserção de novos posts e a edição de páginas.

A adição de novas páginas e criação de links para elas são assuntos tratados no Capítulo 5. O Capítulo 6 ensina como utilizar o plugin que permite visualizar imagens na forma de um álbum de páginas rolantes.

O Capítulo 7 destaca o uso de widgets e Capítulo 8 encerra o livro, apresentando o processo de publicação do site em um provedor de hospedagem.

Com sua linguagem de fácil entendimento e explicações ilustradas, este livro é indicado ao iniciante ou mesmo ao profissional de informática que deseja conhecer esse fantástico framework. Inicie essa aventura e aproveite cada etapa, procurando dar seu toque pessoal à aplicação.

1

PRINCÍPIOS DO WORDPRESS

INTRODUÇÃO

Neste capítulo, veremos uma pequena descrição do WordPress e suas principais características, além do processo de instalação e configuração do servidor web Apache, do servidor de banco de dados MySQL e do interpretador PHP.

1.1 ‹ APRESENTAÇÃO DO WORDPRESS ›

O WordPress é, provavelmente, o mais conhecido e utilizado sistema de gerenciamento de conteúdo (*Content Management System* – CMS). Com ele, é possível criar blogs, portais, sites de e-commerce etc., utilizando uma interface baseada em padrões web para gerenciar o conteúdo sem necessidade de efetuar modificações de forma manual, com edição e publicação de arquivos que compõem a estrutura do site. Para executar esse gerenciamento de conteúdo, o WordPress utiliza o banco de dados relacional MySQL e a linguagem de scripts PHP como padrão.

O WordPress teve um início como ferramenta de criação de blogs, mas ao ser utilizado por desenvolvedores em projetos de sites que iam além de um simples blog, abriram-se as portas para uso em aplicações mais profissionais.

Uma das características mais marcantes do WordPress é sua facilidade de instalação, um processo que ficou conhecido mundialmente como instalação em 5 minutos.

Entre os principais recursos oferecidos para a criação de sites, podem ser citados os seguintes: postagem de páginas e textos; envio de arquivos de vídeo, áudio, documentos PDF etc.; organização hierárquica de links em categorias; gerenciamento de perfis e regras para usuários; alimentação de sistemas de notícias (RSS, Atom e OPML); personalização de links via arquivo *.htaccess;* proteção contra spam (os famosos e-mails indesejáveis); atualização automática de novas versões do WordPress.

O WordPress não é um sistema estático, ele permite que seus recursos sejam estendidos graças a uma extensiva API e um sofisticado sistema de templates. Isso permite a criação de plugins, widgets (componentes que podem ser adicionados aos nossos sites) e temas (arquivos que determinam a apresentação do site). Desenvolvedores com alto conhecimento de programação em PHP podem desenvolver suas próprias extensões.

Alguns termos são de uso muito comum, principalmente no mundo dos blogs, o segmento em que o WordPress é bastante forte. A seguir, temos uma breve descrição dos principais termos empregados:

- **Post:** as mensagens apresentadas nos blogs são denominadas posts, sendo que podem ser formadas, pelo menos, por duas partes – um título e o conteúdo da mensagem, que por sua vez pode ser constituído por texto, imagem, vídeo, áudio ou um link que direciona para outro site. Uma vez que os posts também contêm assinatura de data e hora do envio da mensagem, eles são exibidos em ordem cronológica invertida, ou seja, os posts mais novos são apresentados em primeiro lugar.

- **Categorias e marcadores (tags):** os posts podem ser organizados em categorias de acordo com o assunto ao qual estão relacionados. Em um portal sobre programação, por exemplo, podemos ter categorias para assuntos sobre projeto de sistemas, linguagens de programação, OOP/UML e arquitetura de computadores. Já os marcadores (tags) têm função similar ao de palavras-chave. Por exemplo, dentro da categoria linguagens de programação, podemos ter subdivisões identificadas como C#, Java, PHP, C++, Pascal, Assembly.
- **Comentários:** as mensagens postadas nos blogs podem oferecer a possibilidade de os visitantes/leitores adicionarem comentários, o que torna o blog mais interativo.
- **Temas:** o WordPress dispõe de um grande número de temas que podem ser selecionados para o site ou blog. Esses temas configuram todo o layout das páginas de forma rápida.
- **Plugins:** são componentes que, ao serem instalados no projeto, adicionam características extras às funcionalidades já existentes.
- **Widget:** podem ser considerados uma versão mais simplificada dos plugins, sendo muito utilizados na definição de objetos que formam a interface com o usuário (layout das páginas), como barras de ferramentas.
- **RSS:** sigla de *Really Simple Syndication*. É um recurso que permite o envio de notícias aos usuários do site, sem que eles precisem acessá-lo. Essas notícias são enviadas por e-mail aos assinantes do site ou blog.

1.2 ‹ INSTALAÇÃO DO APACHE ›

A versão 4.8.3, utilizada em nosso estudo, tem como pré-requisitos o servidor web Apache 2.4, PHP 7 e MySQL 5.6. Tendo em vista esses requisitos, antes de procedermos à instalação do WordPress, é necessário instalar o Apache, o MySQL e o PHP, caso eles não estejam em sua máquina. Se esses softwares já estiverem instalados, você pode partir para o próximo tópico.

Para baixar o servidor web Apache, acesse o endereço <apache.org> e avance a página até aparecer a lista de projetos da fundação (Figura 1.1). Clique no item **HTTP Server** para ver a tela da Figura 1.2. Clique na opção **Download** presente na seção da versão mais recente do Apache, assim surgirá em seguida a tela da Figura 1.3.

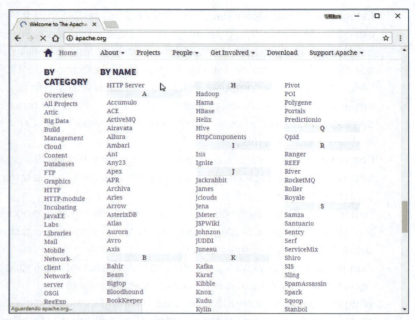

Figura 1.1 – Lista de projetos da fundação Apache.

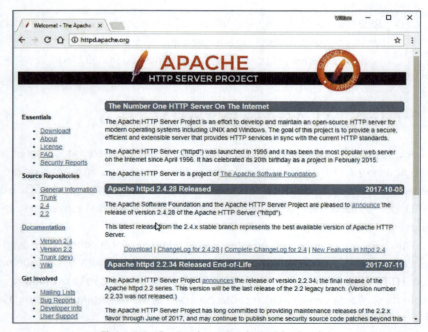

Figura 1.2 – Opções de versões do servidor Apache.

A tela representada na Figura 1.2 oferece diversas opções de download do servidor. Para baixar a versão que roda no Windows, clique na opção **Files for Microsoft Windows**.

Na tela da Figura 1.4, clique no item **ApacheHaus** para abrir a página mostrada pela Figura 1.5.

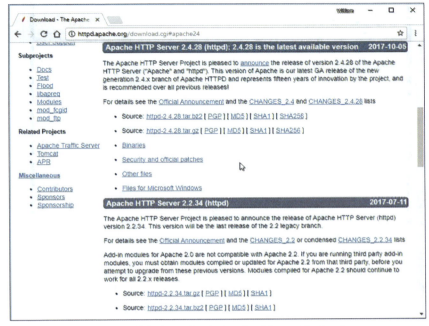

Figura 1.3 – Tela de opções de download do servidor Apache.

Figura 1.4 – Opções de download para sistema operacional Windows.

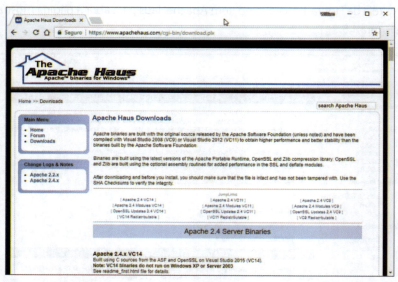

Figura 1.5 – Página Apache Haus para download da versão para Windows.

Avance a página da Figura 1.5 para ver as opções apresentadas na Figura 1.6. Clique no ícone de bandeira da opção desejada para iniciar o download do arquivo.

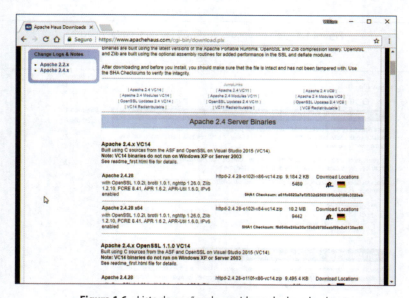

Figura 1.6 – Lista de opções de servidores de download.

Depois de finalizada a cópia do arquivo, precisamos descompactá-lo em uma pasta, que pode ser criada a partir da raiz do disco rígido, com o nome *Apache24*, por exemplo.

Após a descompactação, é necessário efetuar algumas configurações para o Apache ser carregado no processo de boot do Windows. Execute o *Bloco de*

Notas e abra o arquivo *httpd.conf* que se encontra na pasta *conf* da instalação do Apache. Encontre a linha na qual existe o atributo **ServerRoot** e altere-a para `ServerRoot "C:/Apache24"`.

Outras alterações que devem ser feitas se referem aos valores dos atributos **DocumentRoot**, **<Directory>** e **DirectoryIndex**. Modifique as linhas desses atributos para o apresentado a seguir:

```
DocumentRoot "C:/Apache24/htdocs"
<Directory "C:/Apache24/htdocs">
DirectoryIndex index.php index.html
```

Grave o arquivo com as alterações efetuadas. Em seguida, abra a janela do prompt de comando do Windows, acesse a pasta *bin* da instalação do Apache e digite o seguinte comando:

```
httpd.exe -k install -n "Apache2.4"
```

Dessa forma, instalamos o Apache como um serviço no Windows, com a identificação *Apache2.4*.

Precisamos, ainda, iniciar o Apache com a execução do seguinte comando:

```
httpd.exe -k start
```

Estamos prontos para testar se a instalação do Apache foi bem-sucedida. Abra seu navegador e digite na linha de endereços a expressão caractere *localhost*. A tela da Figura 1.7 deve ser mostrada se tudo estiver funcionando corretamente.

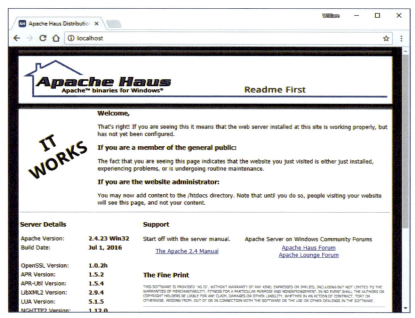

Figura 1.7 – Tela apresentada após instalação do Apache.

1.3 ‹ INSTALAÇÃO DO MYSQL ›

O MySQL é um dos softwares livres mais utilizados. Ele é um gerenciador de banco de dados relacional SQL que oferece um desempenho excelente, consumindo poucos recursos da máquina.

Para efetuar o download do arquivo de instalação, acesse o endereço <https://dev.mysql.com/downloads/mysql/>, avance a página até poder visualizar as opções da Figura 1.8 e então clique no botão **Go to Download Page**.

Na página seguinte (Figura 1.9), clique no botão **Download** da segunda opção, assim será baixado o arquivo completo que permite a instalação off-line do MySQL.

Finalizado download do arquivo, basta executá-lo por meio do *Explorador de Arquivos* do Windows.

Figura 1.8 – Página para download do MySQL.

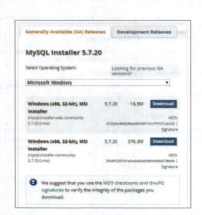

Figura 1.9 – Opções de arquivos de instalação.

1.4 ‹ INSTALAÇÃO DO PHP ›

O PHP é uma linguagem de script que roda no servidor, em vez de na máquina do usuário, como ocorre com o JavaScript. Ele permite o desenvolvimento de aplicações web robustas e seguras. Existe um número muito grande de módulos que podem ser adicionados para uso, como geradores de arquivos PDF, impressão de relatórios etc.

Ele se integra perfeitamente com o servidor web Apache. Como o Apache, é preciso instalá-lo manualmente após ser efetuado o download de um arquivo zipado a partir do endereço <php.net>. Deve-se clicar na opção **Download** e depois no link **Windows downloads**, da página mostrada pela Figura 1.10.

Na tela seguinte (Figura 1.11), clique na opção **Zip** do grupo **VC14 x86 Thread Safe**. Após a finalização da cópia do arquivo, crie uma pasta denominada *php7* na raiz do disco rígido e descompacte o arquivo nela.

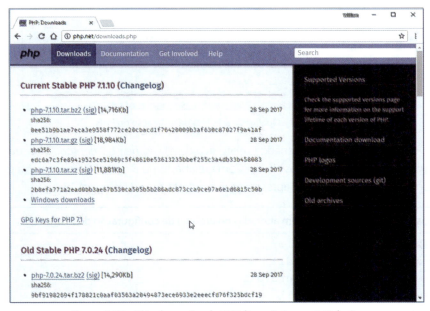

Figura 1.10 – Lista de versões do PHP disponíveis para instalação.

Agora precisamos configurar o Apache para que ele possa reconhecer o PHP e assim ser capaz de executar páginas escritas nessa linguagem. Acesse a pasta *conf* do Apache e abra o arquivo *httpd.conf* no *Bloco de Notas*. Acrescente ao final do arquivo as linhas apresentadas a seguir:

```
AddHandler application/x-httpd-php .php
AddType application/x-httpd-php .php .html
LoadModule php7_module "C:/php7/php7apache2_4.dll"
PHPIniDir "C:/php7"
```

Para que o PHP possa manipular o banco de dados MySQL, precisamos alterar o arquivo de configuração *php.ini*, de modo a habilitar o carregamento dos módulos necessários.

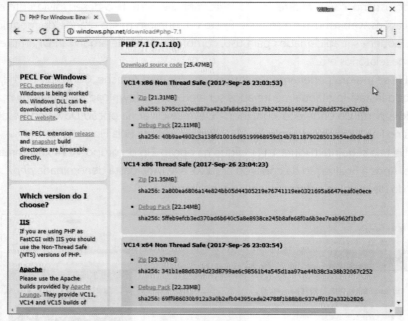

Figura 1.11 – Opções de arquivos de instalação do PHP.

Na instalação do PHP, é criado um arquivo com o nome *php.ini-production*, que é um modelo que podemos alterar. Com ele aberto no *Bloco de Notas*, remova os pontos e vírgulas das linhas apresentadas em destaque na Listagem 1.1.

Listagem 1.1 – Linhas a serem alteradas no arquivo de configuração do PHP.
| ```
extension=php_bz2.dll
extension=php_curl.dll
;extension=php_fileinfo.dll
extension=php_gd2.dll
extension=php_gettext.dll
extension=php_gmp.dll
;extension=php_intl.dll
extension=php_imap.dll
;extension=php_interbase.dll
extension=php_ldap.dll
extension=php_mbstring.dll
extension=php_exif.dll        ; Must be after mbstring as it
depends on it
``` |
```

```
extension=php_mysql.dll
extension=php_mysqli.dll
;extension=php_oci8_12c.dll   ; Use with Oracle Database
12c Instant Client
extension=php_openssl.dll
;extension=php_pdo_firebird.dll
extension=php_pdo_mysql.dll
;extension=php_pdo_oci.dll
extension=php_pdo_odbc.dll
extension=php_pdo_pgsql.dll
;extension=php_pdo_sqlite.dll
;extension=php_pgsql.dll
;extension=php_shmop.dll

; The MIBS data available in the PHP distribution must be
installed.
; See http://www.php.net/manual/en/snmp.installation.php
;extension=php_snmp.dll

extension=php_soap.dll
extension=php_sockets.dll
;extension=php_sqlite3.dll
;extension=php_sybase_ct.dll
extension=php_tidy.dll
extension=php_xmlrpc.dll
extension=php_xsl.dll
```

Outra alteração necessária está relacionada com o valor do atributo **extension_dir**. Localize a linha em que ele está definido e altere-a para *extension_dir = "C:/php7/ext"*, assim o interpretador do PHP saberá onde estão as bibliotecas dos módulos.

Grave o arquivo com o nome *php.ini* na mesma pasta de instalação do PHP.

Para que as alterações na configuração do Apache tenham efeito, precisamos reiniciá-lo. Para isso, execute, via *Explorador do Windows*, o programa *ApacheMonitor.exe* para que seu respectivo ícone seja inserido na área de notificação do Windows (Figura 1.12).

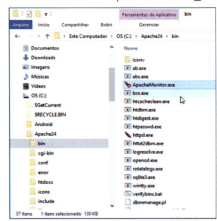

Figura 1.12 – Programa de monitoramento do Apache.

Clique com o botão direito nesse ícone e escolha a opção **Open Apache Monitor**. Na janela do programa (Figura 1.13), clique no botão **Restart**.

Figura 1.13 – Tela do programa de monitoramento do Apache.

Execute novamente o *Bloco de Notas* e crie um arquivo com o nome *pagina_php.php* na pasta *htdocs* do Apache, com o seguinte conteúdo:

```
<?php
echo "<h1>Tela de informação do PHP 7</h1>";
phpinfo();
?>
```

Acesse o endereço <localhost/pagina_php.php>, e o resultado deve ser a página mostrada pela Figura 1.14.

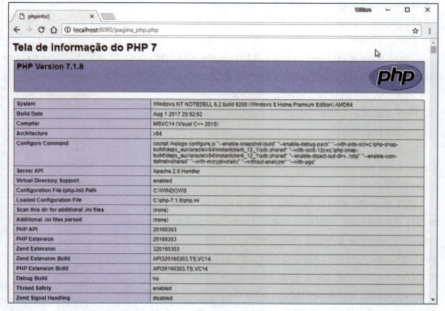

Figura 1.14 – Página exibida pelo PHP com informações da instalação.

1.5 ‹ OBTENÇÃO DO WORDPRESS ›

Vamos agora fazer o download do WordPress e assim finalizar o processo de preparação do terreno para podermos trabalhar. É possível baixar uma versão totalmente traduzida para o português. Essa será a versão utilizada em nossos estudos.

Acesse o endereço <br.wordpress.org> e clique no botão com a legenda **Baixar o WordPress** (Figura 1.15). Com isso, será efetuado o download de um arquivo compactado.

Após o término do download, descompacte o arquivo. Uma pasta será gerada automaticamente.

Figura 1.15 – Página exibida pelo PHP com informações da instalação.

O próximo capítulo demonstrará o processo de instalação do WordPress e a criação de uma página.

EXERCÍCIOS

1. Explique resumidamente a função do Apache.

2. Qual é o atributo do arquivo de configuração do Apache que deve conter a especificação da pasta em que ele se encontra instalado?

3. Em qual atributo do arquivo de configuração do Apache devemos incluir o nome dos arquivos de inicialização de um site?

4. Se for desejado nomear o serviço do Apache como sendo *ApacheServer*, qual deve ser o comando que precisamos executar?

5. No arquivo de configuração do PHP, onde devemos especificar o diretório que contém os módulos a serem carregados?

CRIAÇÃO DE WEBSITE COM WORDPRESS

INTRODUÇÃO

O procedimento de instalação do WordPress será estudado neste capítulo, que envolve a criação de um projeto de site e do banco de dados MySQL a ser utilizado.

2.1 ‹ INSTALAÇÃO DO WORDPRESS ›

A instalação do WordPress é muito simples, consistindo, basicamente, na descompactação do arquivo baixado e depois da cópia de todo o conteúdo da pasta criada por esse processo (normalmente, denominada *wordpress*) em uma pasta que armazenará nosso site.

Para nosso estudo, crie uma pasta denominada *software_gestao*, dentro da pasta *htdocs* do Apache, como mostra a Figura 2.1.

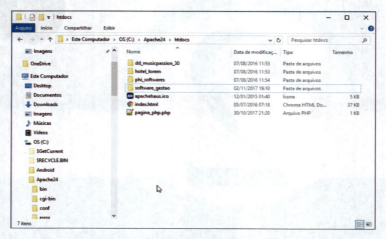

Figura 2.1 – Pasta para armazenamento do site utilizado no estudo.

Em seguida, acesse a pasta *wordpress* criada durante a descompactação do arquivo baixado, selecione tudo teclando [CTRL]+[A], copie e cole esse conteúdo na pasta *software_gestao*. O resultado pode ser visto na Figura 2.2.

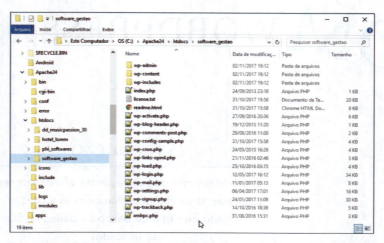

Figura 2.2 – Conteúdo do WordPress copiado para pasta do site utilizado no estudo.

2.2 ‹ CRIAÇÃO DE SITE ›

Após a execução do processo apresentado no tópico anterior, já estamos aptos a executar o WordPress para criação do nosso primeiro site. No entanto, uma pequena operação deve ser realizada antes: a criação de um banco de dados no MySQL.

Execute o utilitário MySQL Workbench, que é instalado junto com o MySQL. A tela da Figura 2.3 surgirá em seguida. Como é a primeira vez que essa ferramenta está sendo executada, precisaremos criar uma conexão com o servidor MySQL. Sendo assim, clique no ícone contendo um círculo com o sinal + no interior. Na caixa de diálogo apresentada em seguida (Figura 2.4), digite um nome para a conexão no campo **Connection Name** e clique no botão **OK**.

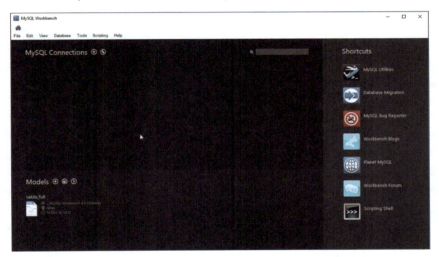

Figura 2.3 – Tela de abertura da ferramenta MySQL Workbench.

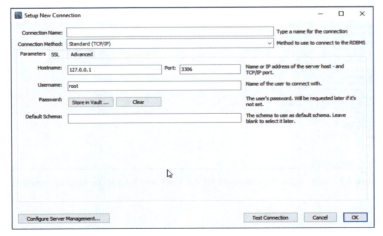

Figura 2.4 – Tela para criação de uma nova conexão com o servidor MySQL.

Ao retornar à tela anterior, você verá que um quadro é apresentado nela, contendo o nome da conexão criada (Figura 2.5). Clique no nome da conexão e, em seguida, entre com a senha de usuário adicionada no momento da instalação do MySQL (Figura 2.6).

Figura 2.5 – Tela para criação de uma nova conexão com o servidor MySQL.

Figura 2.6 – Tela para conexão com o servidor MySQL.

Após ter sido efetuada a conexão com o banco de dados, aparece a tela da Figura 2.7, que permite a execução de comandos SQL no painel nomeado como **Query 1** ou qualquer outro tipo de tarefa. Clique no ícone **Create a new schema** ( ) para criar um novo banco de dados.

Na tela mostrada pela Figura 2.8, digite no campo **Name** a expressão caractere: *db_softgestao*. Clique na caixa de combinação **Collation** e selecione, a partir da lista apresenta (Figura 2.9), a opção **utf8_general_ci**. Dessa forma, o conjunto de caracteres utf8 é especificado como sendo o padrão para esse banco de dados, o que significa que caracteres acentuados são reconhecidos de forma correta e exibidos em páginas HTML sem problemas.

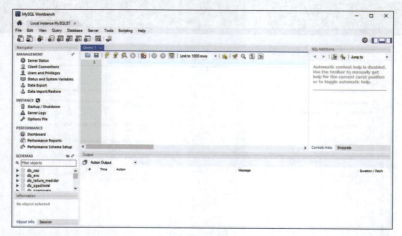

Figura 2.7 – Tela inicial da ferramenta MySQL Workbench após conexão com o servidor.

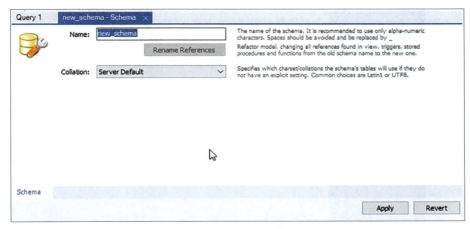

Figura 2.8 – Tela para criação de um novo banco de dados MySQL.

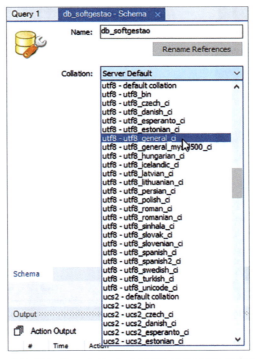

Figura 2.9 – Lista de conjunto de caracteres para o banco de dados.

Clique no botão **Apply** e a tela da Figura 2.10 aparece em seguida. Clique novamente no botão **Apply** para que a próxima tela (Figura 2.11) seja mostrada. Para concluir a criação do banco de dados, clique no botão **Finish**. Após finalizao a criação, um novo item é mostrado na lista de banco de dados (Figura 2.12).

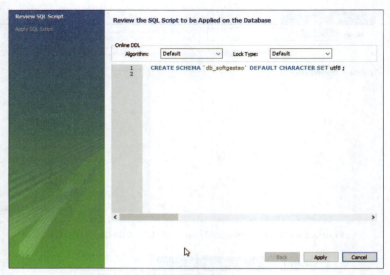

Figura 2.10 – Exibição de comando SQL a ser executado.

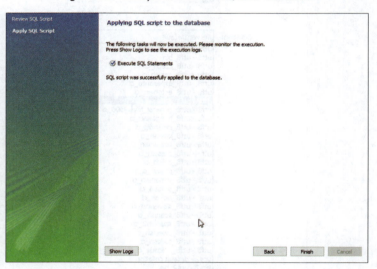

Figura 2.11 – Confirmação da execução do comando.

O próximo passo é adicionar um usuário que utilizaremos em nosso projeto de site. Clique no item **Users and Privileges** (painel **Management**) para abrir a tela da Figura 2.13. Clique no botão **Add Account** para adicionar um novo usuário. Na tela da Figura 2.14, digite no campo **Login name** o nome do usuário – que, em nosso caso, deverá ser *wordpress*. Em **Limit to Hosts Matching**, entre com a expressão *localhost*. Para o campo **Password**, informe uma senha de sua preferência. Confirme essa senha redigitando no campo **Confirm Password**.

Figura 2.12 – Lista de banco de dados já criados.

Figura 2.13 – Tela de gerenciamento de usuários.

Figura 2.14 – Adição de novo usuário.

Acesse a aba **Administrative Roles** (Figura 2.15) e clique na caixa de seleção **DBA** para especificar todos os privilégios (Figura 2.16). Para finalizar a adição do usuário, clique no botão **Apply**.

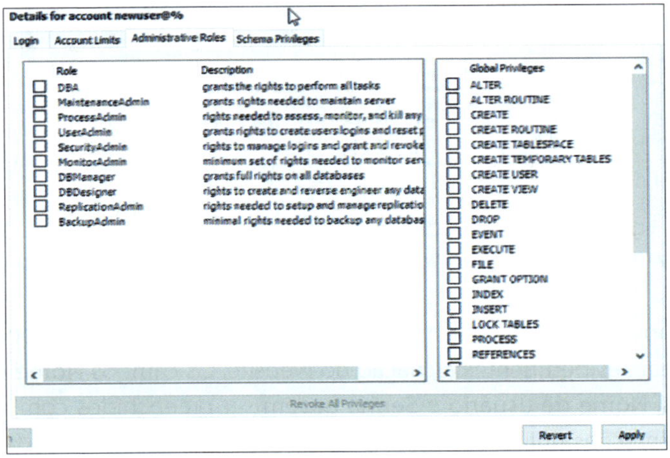

Figura 2.15 – Configurações de privilégios do usuário.

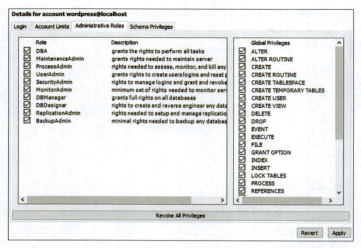

Figura 2.16 – Seleção de privilégios para usuário do projeto de estudo.

Com esses procedimentos executados, estamos prontos para executar o WordPress e criar nosso website de estudo. Feche o MySQL Workbench e abra em seguida seu navegador.

Digite no campo de endereço a expressão caractere: *localhost/software_gestao*. Você deverá ver a tela da Figura 2.17. Clique no botão com a legenda **Vamos lá!**

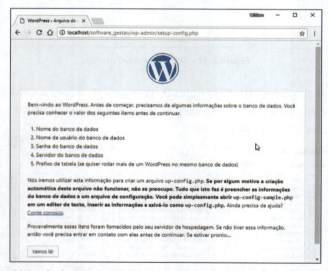

Figura 2.17 – Página de abertura do WordPress ao ser acessado pela primeira vez o endereço do site.

Uma nova página é apresentada (Figura 2.18), a qual permite a especificação de informações pertinentes à criação do website. Os campos **Nome do banco de dados**, **Nome de usuário** e **Senha** devem ser preenchidos com as respectivas informações utilizadas no processo de criação do banco de dados, visto anteriormente.

Após clicar no botão **Enviar**, surge a tela de mensagem da Figura 2.19. Clique no botão **Instalar** e uma nova página será apresentada (Figura 2.20). Nela devemos especificar um título para o site, um nome de usuário administrador do site (ele é sugerido pelo WordPress), uma senha para esse usuário e um endereço de e-mail.

Clique no botão **Instalar WordPress** para iniciar o processo de instalação e criação do site.

Figura 2.18 – Página para especificação de informações do banco de dados do site.

Figura 2.19 – Mensagem para confirmação da instalação do WordPress e criação do site.

Figura 2.20 – Mensagem para confirmação da instalação do WordPress e criação do site.

Ao fim da instalação, a tela da Figura 2.21 é exibida. Clique no botão **Fazer login** para que seja mostrada a tela que permite efetuar o login no sistema (Figura 2.22).

Figura 2.21 – Página exibida após finalização do processo de instalação do WordPress.

Após ter sido efetuado o login, a página de administração do site é apresentada (Figura 2.23). Por enquanto, não faremos qualquer alteração nas configurações que foram definidas pelo WordPress.

Para acessar o site, clique no link denominado **Softwares de Gestão**. Deverá ser exibida a tela da Figura 2.24. Com um clique na seta apresentada no canto direito inferior da página ou utilizando a barra de rolagem do navegador, pode-se acessar as informações da parte inferior da página (Figura 2.25).

Figura 2.22 – Tela de login para administração do site.

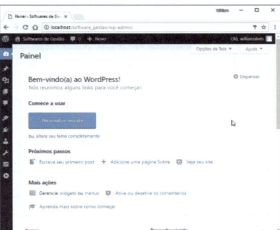

Figura 2.23 – Tela de administração do site.

Figura 2.24 – Tela principal do site.

CAPÍTULO 2 | CRIAÇÃO DE WEBSITE COM WORDPRESS ‹ 37

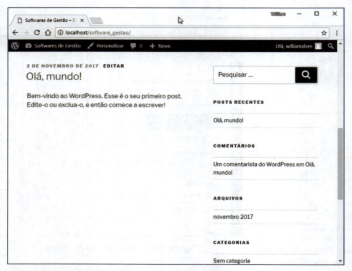

Figura 2.25 – Informações da parte inferior da página principal do site.

O próximo capítulo descreverá o uso do painel de controle e a edição de configurações do site para torná-lo personalizado.

XERCÍCIOS

1. Descreva, resumidamente, as etapas necessárias ao processo de instalação do WordPress e para criação do website.

2. Qual operação deve ser executada no MySQL Workbench para que seja possível acessar o servidor MySQL?

PERSONALIZAÇÃO DO SITE

INTRODUÇÃO

O objetivo deste capítulo é apresentar os passos necessários para editar um site desenvolvido em WordPress, utilizando o painel de administração.

3.1 ‹ APRESENTAÇÃO DO PAINEL ›

O Painel é a ferramenta que nos permite efetuar inúmeras configurações em nosso site, como alterar diversas propriedades, postar mensagens ou mesmo adicionar novas páginas.

Ao ser acessado o site por meio da URL *<localhost/software_gestao>* (no caso de acesso local em vez de remoto, em um provedor de hospedagem), ele deve se apresentar conforme a Figura 3.1, ou seja, como um site normal, visto por qualquer usuário. Para acessar a ferramenta Painel é necessário adicionar a pasta *wp-admin*, da seguinte forma: *localhost/software_gestao/wp-admin*. Com isso você acessa a área de administração do site (Figura 3.2). Note que deve ser efetuado o login para acessá-la.

Figura 3.1 – Página inicial do site ao acessado.

Quando o WordPress é instalado, você é levado automaticamente para a página inicial do site como usuário administrador do sistema. Nessa configuração, é exibida uma barra de opções na parte superior (Figura 3.3).

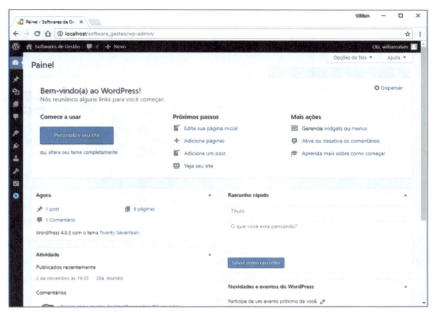

Figura 3.2 – Página de administração do site.

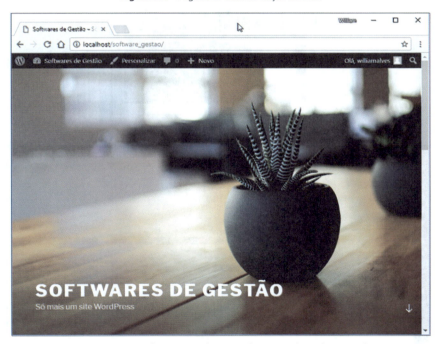

Figura 3.3 – Visão do site quando acessado por usuário administrador.

Podemos notar no lado direito dessa barra uma saudação ao usuário logado e, na extremidade esquerda, o ícone do WordPress, que ao ser clicado apresenta o menu de opções da Figura 3.4 para acessar informações da versão do WordPress, documentação do sistema ou fóruns que oferecem suporte técnico.

A opção **Software de Gestão** habilita opções para acesso ao painel de administração do site, seleção de temas, instalação de widgets e definição de menus (Figura 3.5).

Figura 3.4 – Menu WordPress.　　　**Figura 3.5** – Menu de ferramentas de edição.

Se você clicar na saudação ao usuário, verá as opções da Figura 3.6. As duas primeiras opções abrem uma página para a configuração do seu perfil. São várias as características que podem ser alteradas, como as cores exibidas pelo painel, nome completo do usuário administrador, foto do usuário e até uma pequena biografia. Veja as Figuras 3.7 e 3.8.

Figura 3.6 – Menu do usuário.

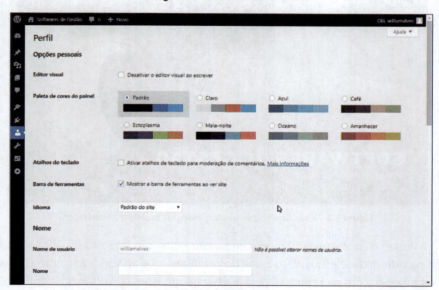

Figura 3.7 – Opções de edição de perfil do usuário.

Figura 3.8 – Opções de edição do perfil do usuário.

Se estiver com a página do painel aberta, você perceberá que existe no canto direito superior dois botões, sendo que o primeiro contém a legenda **Opções de Tela**. Ao ser clicado, abre-se uma seção contendo diversas caixas de seleção para ativação/desativação dos grupos de propriedades que podem ser configuradas (Figura 3.9). Já o botão com a legenda **Ajuda** mostra uma área que nos permite ter acesso à documentação do painel do WordPress (Figura 3.10).

Figura 3.9 – Opções de configuração da tela do painel de administração.

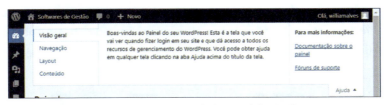

Figura 3.10 – Opções de ajuda do painel do WordPress.

O menu **Novo** exibe opções para adição de novas postagens, inserção de mídia (vídeo, áudio ou imagem), adição de uma nova página ao site e inclusão de usuários (Figura 3.11).

Figura 3.11 – Menu do usuário.

Ao ser posicionado o cursor do mouse sobre os ícones da caixa de ferramentas lateral, são exibidas as opções disponíveis para ele, como mostra o exemplo da Figura 3.12.

Na base dessa caixa de ferramentas existe um ícone com a imagem de um círculo com uma seta no interior. Ele permite expandi-la de modo que sejam mostrados também os nomes dos ícones (Figura 3.13).

Figura 3.12 – Exibição das opções dos ícones.

Figura 3.13 – Caixa de ferramentas expandida.

3.2 ‹ EDIÇÃO DO SITE ›

Agora que conhecemos o painel de administração do WordPress, podemos passar à próxima etapa, que é a edição do nosso site. A primeira tarefa será alterar a imagem de fundo da página.

Clique no botão **Personalize seu site**, assim a tela da Figura 3.14 será aberta em seguida. É possível escolher outro tema para o site clicando no botão **Mudar** do quadro **Tema ativo**. A lista de temas, inicialmente limitada a três, é exibida para seleção (Figura 3.15).

Figura 3.14 – Tela para personalização do site.

A alteração da imagem de fundo é possível com um clique no ícone de um círculo com um lápis no interior, apresentado no canto esquerdo superior da imagem. Assim, é mostrado o painel de opções da Figura 3.16. É possível escolher uma imagem ou mesmo um vídeo a ser tocado como fundo da página.

Figura 3.15 – Lista de temas disponíveis para seleção.

Figura 3.16 – Seleção de imagem de fundo.

Para escolher uma imagem, desloque para cima as opções do painel e clique no botão **Adicionar nova imagem** do grupo **Imagem do cabeçalho**. A caixa de diálogo da Figura 3.17 surge em seguida. Clique no botão **Selecionar arquivos** e, na tela seguinte, selecione o arquivo de alguma imagem que desejar. No projeto deste livro, utilizamos imagens gratuitas do site: <www.freeimages.com/photo/>. O link para baixar a imagem apresentada na Figura 3.18 é: <www.freeimages.com/photo/money-rule-the-world-7-1237437>. O arquivo deve ser salvo com o nome *img-abertura.jpg*.

Será retornada uma tela contendo a imagem selecionada (Figura 3.19). Utilizando o mouse, a imagem pode ser recortada ajustando o tamanho do retângulo formado pela linha pontilhada. Após definir esse tamanho desejado, clique no botão **Recortar imagem**. Para não efetuar o recorte, clique no botão **Pular recorte**. Isso é o que faremos, já que queremos a imagem inteira na página.

Figura 3.17 – Lista de temas disponíveis para seleção.

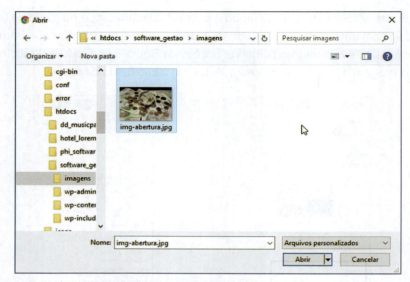

Figura 3.18 – Lista de temas disponíveis para seleção.

Figura 3.19 – Tela para recorte de imagem.

Com isso, a tela de personalização deve ser mostrada novamente, já com a nova imagem adicionada (Figura 3.20). Para gravar a alteração, clique no botão **Salvar e publicar**.

Em seguida, clique no ícone do círculo com o lápis que se encontra ao lado do título da página. Isso faz com que seja apresentada uma tela para alteração dos textos que constam dessa página. Digite no campo **Descrição** a expressão caractere: *O software adequado à gestão da sua empresa* (veja a Figura 3.21).

Também podemos especificar uma imagem como ícone do site, a ser exibido ao lado do título pelo navegador. Para isso, clique no botão **Mudar imagem**, do grupo **Ícone do site**. É aberta uma tela similar à de seleção de imagem de fundo (Figura 3.17 mostrada anteriormente). Clique no botão **Selecionar imagem** e então especifique um arquivo de imagem de sua preferência. Para nosso site foi utilizado o arquivo *icone.png* que já constava na pasta (Figura 3.22). Grave as alterações clicando no botão **Salvar e publicar**.

Figura 3.20 – Imagem de fundo alterada.

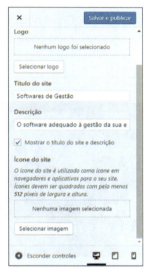

Figura 3.21 – Edição de títulos e ícone do site.

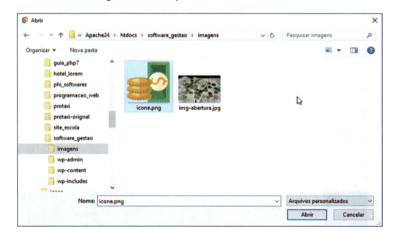

Figura 3.22 – Imagem de fundo alterada.

Para visualizar como a aparência do site ficou após essas alterações, clique na opção **Softwares de Gestão** para que a página principal seja reapresentada (Figura 3.23).

Vamos agora editar alguns textos do nosso site. Para isso, é necessário entrar novamente nas ferramentas de administração. Clique na opção **Edite sua página inicial**, assim é apresentada uma tela que simula um editor de textos (Figura 3.24).

Altere o texto para o seguinte:

Bem-vindo(a) ao site Softwares de Gestão!

Aqui você poderá conhecer nossas opções de softwares para gestão de empresas, sejam elas de pequeno, médio ou grande porte. Também oferecemos consultoria para orientá-lo quanto à melhor solução, além de desenvolvermos aplicações personalizadas que atendem às suas necessidades.

Com o cursor na primeira linha, clique no ícone de centralização de texto (≡) – o resultado pode ser visto na Figura 3.25. Grave novamente as alterações por meio do botão **Salvar e publicar**. Ao ser visualizado o site, desloque a página para ver o novo texto (Figura 3.26).

Figura 3.23 – Página com alterações efetuadas.

Figura 3.24 – Edição de texto da página inicial do site.

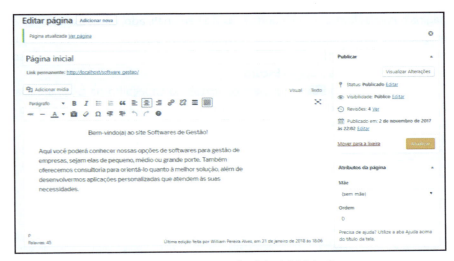

Figura 3.25 – Novo texto da página inicial do site.

Figura 3.26 – Texto visualizado na página do site.

3.3 ‹ CORES E MENUS ›

Veremos a partir daqui como especificar cores para nosso site e também adicionar um novo item ao menu. Para acessar essas configurações, deve-se estar com o modo de personalização do site ativo.

No painel de edição, clique no item **Cores** e a tela da Figura 3.27 é aberta. Como se pode ver, o WordPress oferece dois esquemas de cores para o fundo da

CAPÍTULO 3 | PERSONALIZAÇÃO DO SITE ‹ 49

página e para as letras. Selecionando a opção **Personalizado**, uma faixa colorida é exibida para que seja definida a cor desejada (Figura 3.28). É importante destacar que, nesse caso, apenas os textos das opções de menu são afetados. Para nosso site, deixe selecionada a opção **Escuro**.

A especificação de uma cor para os textos do cabeçalho da página inicial é possível por meio do botão **Selecionar cor**, que mostra a paleta de cores da Figura 3.29.

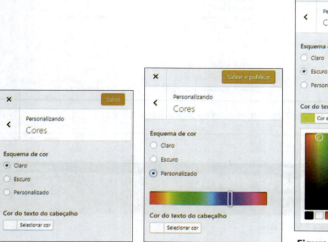

Figura 3.27 – Opções de configuração de cores.

Figura 3.28 – Faixa de definição de cor personalizada.

Figura 3.29 – Seleção de cor para textos do cabeçalho da página.

A inclusão de novos itens no menu do site pode ser efetuada com um clique na opção **Menu**. Isso faz com que a tela de opções da Figura 3.30 seja apresentada.

Clique no item **Menu do topo**, pois iremos acrescentar um novo item no menu apresentado no topo da página inicial, logo abaixo da imagem principal. Na tela da Figura 3.31, clique no botão **Adicionar itens**, então a tela da Figura 3.32 será exibida. Em seguida, digite no campo com o texto **Adicionar nova página** a expressão caractere *Produtos* e clique no botão **Adicionar**.

O novo item será posicionado no fim da lista (Figura 3.33). Clique nele e arraste-o até posicioná-lo como sendo o segundo item (Figura 3.34). Então, solte

Figura 3.30 – Tela para edição do menu.

o botão do mouse para fixá-lo nessa nova posição. O resultado pode ser visto na Figura 3.35.

Grave as alterações e depois visualize o site.

Figura 3.31 – Tela do editor de menu.

Figura 3.32 – Inserção de novo item no menu.

Figura 3.33 – Novo item adicionado ao menu.

Figura 3.34 – Reposicionamento do item do menu.

Figura 3.35 – Resultado obtido com a inclusão de novo item ao menu.

O próximo capítulo tratará de configurações gerais do sistema, gerenciamento de usuários e adição de novas páginas ao site.

XERCÍCIOS

1. Descreva, resumidamente, o processo para acessar a ferramenta que permite personalizar o site.

2. Como se seleciona um tema para o site?

3. Descreva, resumidamente, o processo para alterar a imagem de fundo da página inicial do site.

4. Qual é o recurso que permite gerenciar o menu do site?

5. Adicione um novo item de menu denominado *Downloads*.

MAIS PERSONALIZAÇÃO E GESTÃO DE USUÁRIOS

INTRODUÇÃO

Mais detalhes sobre outras configurações do site são apresentados neste capítulo, como criação de expressões para inclusão de blogs em lista de moderação, seleção de idioma ou formato de data/hora, além do gerenciamento de usuários.

4.1 ‹ CONFIGURAÇÕES DIVERSAS ›

Vamos iniciar com a apresentação de um recurso do WordPress capaz de permitir que sejam efetuados vários tipos de configurações. Essas configurações dizem respeito a muitos aspectos do site e do próprio ambiente do WordPress.

Estando com o modo de administração ativado, posicione o cursor do mouse sobre o item **Configurações** do painel lateral para ver as opções disponíveis (Figura 4.1). Clique na opção **Geral**, que resulta na apresentação da tela da Figura 4.2.

Figura 4.1 – Opções do item **Configurações**.

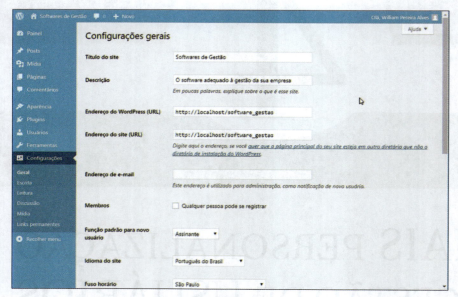

Figura 4.2 – Configurações gerais.

Nessa tela é possível alterar diversos parâmetros do site, como título, descrição e endereços URL. Algumas configurações bastante interessantes merecem destaque, como a especificação da função atribuída a um novo usuário, que normalmente é deixada como *Assinante*, o idioma do site e a localidade que determina o fuso horário.

Outras opções de configuração podem ser acessadas ao rolar a página para cima. Conforme pode ser visto na Figura 4.3, também podemos definir o formato de data e hora a ser utilizado pelo site, além do dia que indica o começo da semana.

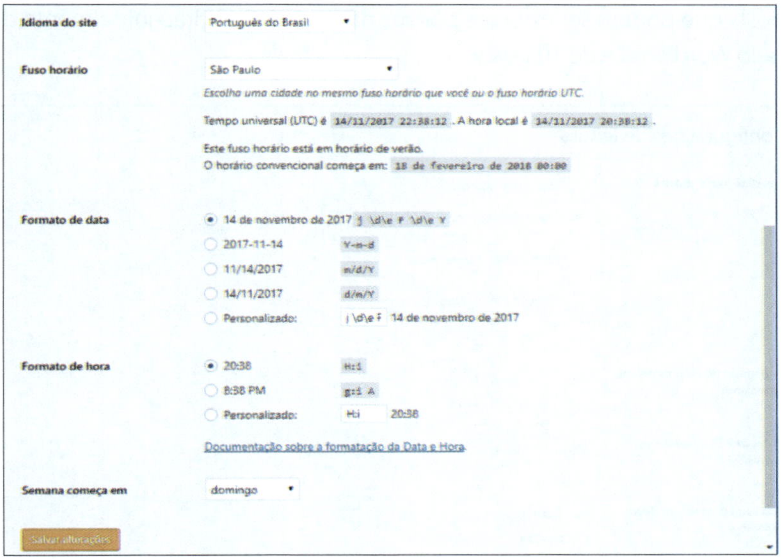

Figura 4.3 – Outras configurações gerais.

Ao selecionar a opção **Escrita** do item **Configurações**, pode ser vista a página da Figura 4.4. Ela apresenta parâmetros que podem ser especificados para a publicação de posts/mensagens no site. No caso de envio de post por e-mail, é necessário informar as configurações do servidor nessa tela.

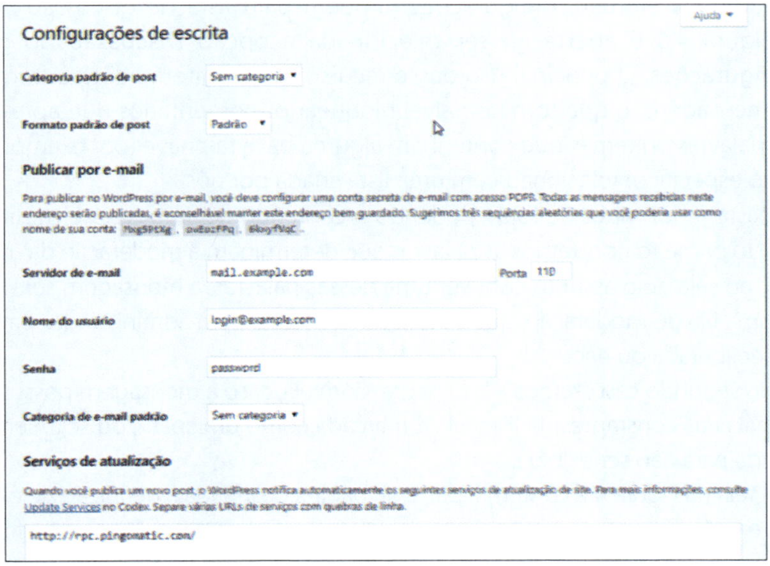

Figura 4.4 – Configurações para publicação de posts.

Para a opção **Leitura**, é apresentada a tela de configuração da Figura 4.5. Uma opção de configuração bastante interessante é a que permite ajustar o número de posts que podem ser exibidos por vez na página. O padrão inicialmente defini-do pelo WordPress é de 10 posts.

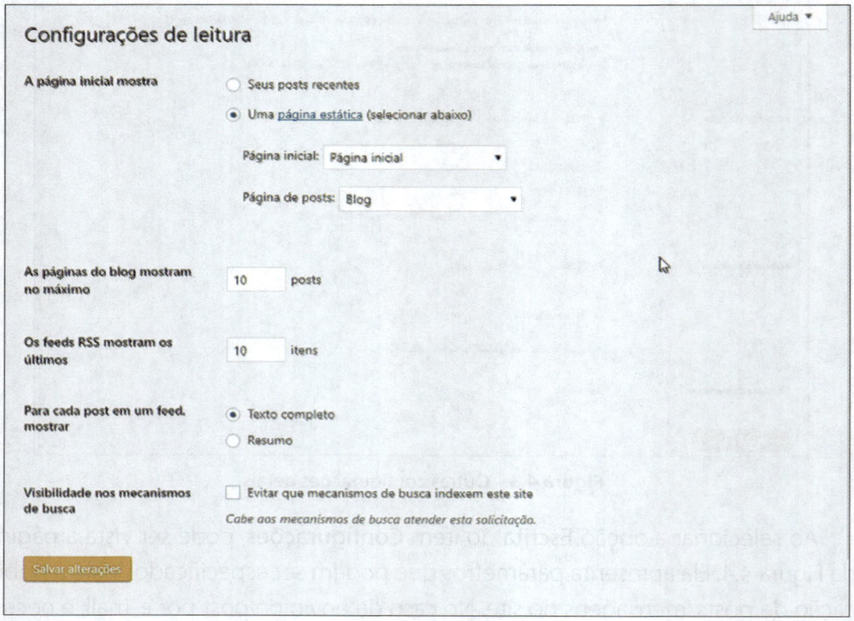

Figura 4.5 – Configurações para leitura de posts.

Podemos efetuar configurações também para lista de discussão. A tela da Figura 4.6 é aberta ao ser selecionada a opção **Discussão** do grupo **Configurações**. O principal uso desse recurso é o monitoramento automático das mensagens, o que torna possível bloquear os comentários que apresentarem palavras ou temas que contenham alguma palavra-chave (por exemplo, um termo específico) relacionada em uma lista criada por nós.

Existem dois tipos de listas, podendo o conteúdo de ambas ser o mesmo ou não. No primeiro tipo, temos as palavras que determinam a moderação da mensagem, ou seja, se o assunto contiver uma dessas palavras, a mensagem será retida em uma fila de moderação, que deverá ser analisada pelo administrador para poder ser liberada ou não.

No segundo caso, temos a lista negra. Com ela, caso a mensagem possua uma das palavras constantes da lista, ela é marcada como um spam, ou seja, será bloqueada para não ser exibida.

A tela da Figura 4.7 contém a parte da página destinada à definição de expressões e palavras que devem ser consideradas. Já a Figura 4.8 exibe a parte final da página que oferece opções para seleção de uma imagem (avatar) para ser atribuído aos usuários do site/blog.

Existem duas configurações (grupo **Envie-me um e-mail quando**) que, ao estarem ativas, forçam o envio de um e-mail ao administrador quando um post/comentário for publicado ou retido para moderação.

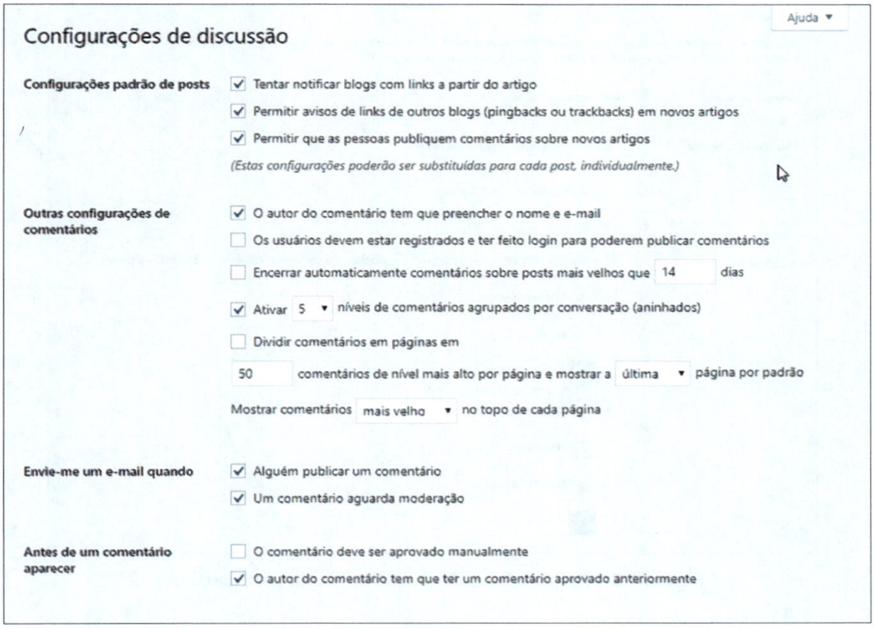

Figura 4.6 – Configurações para lista de discussão.

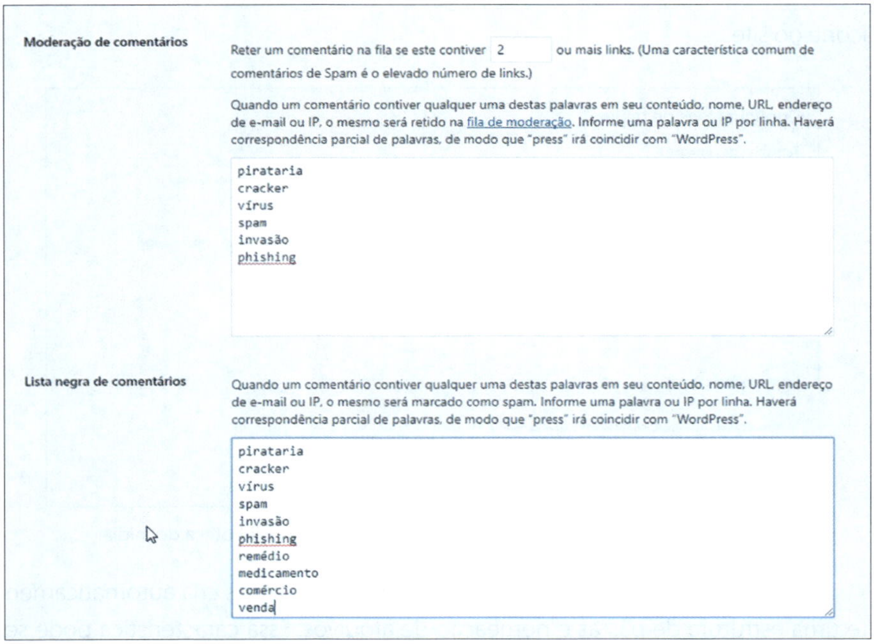

Figura 4.7 – Definição de palavras para moderação de lista negra.

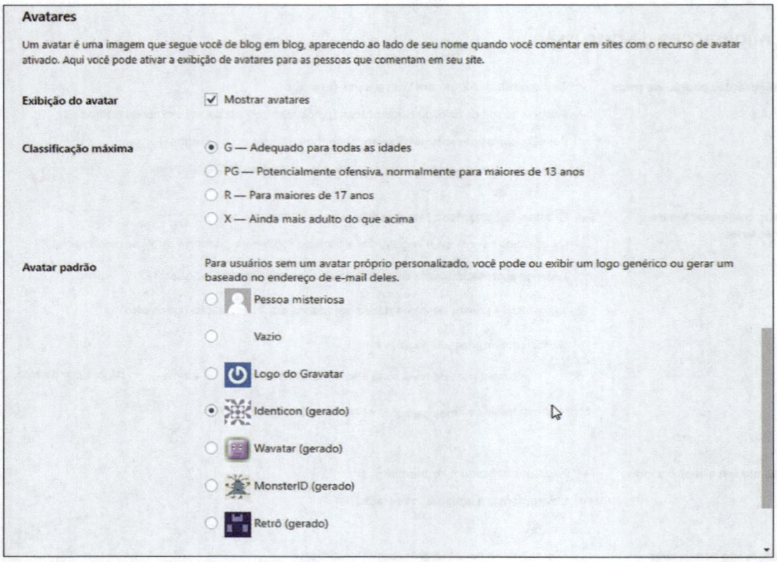

Figura 4.8 – Opções de configuração de avatar para usuários.

A opção **Mídia**, tela mostrada na Figura 4.9, permite definir o tamanho máximo das imagens apresentadas na biblioteca de mídia. Essa biblioteca contém as imagens que utilizamos no site/blog, como a imagem de fundo da página ou ícone do site.

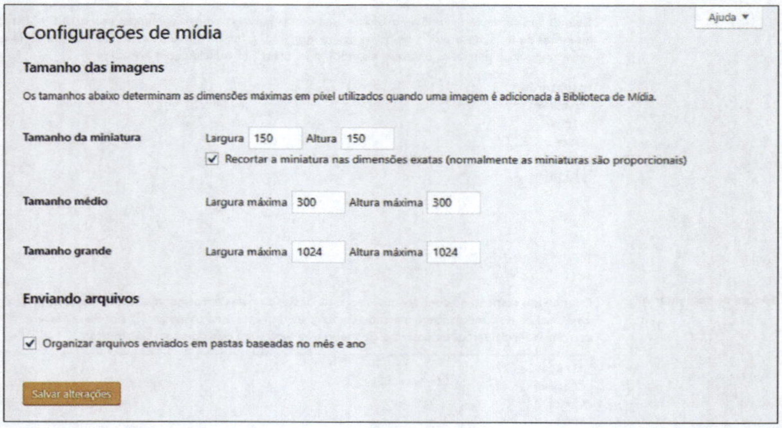

Figura 4.9 – Configurações de tamanho de imagens da biblioteca de mídia.

Quando adicionamos novas páginas ao site, o WordPress cria automaticamente uma estrutura de pastas e nomeação de arquivos. Essa característica pode ser configurada na tela mostrada pela Figura 4.10, acessada por meio da opção **Links permanentes**.

A configuração que for selecionada nessa tela determinará também como os endereços URL serão definidos.

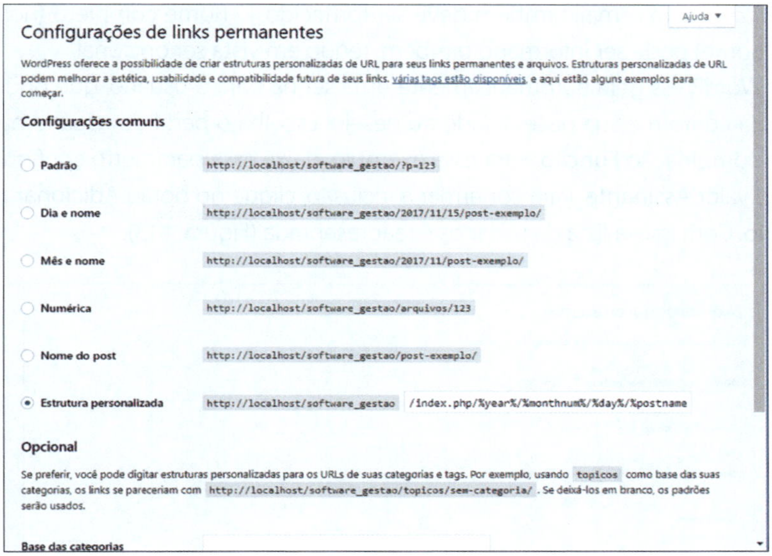

Figura 4.10 – Configurações de links permanentes.

4.2 ‹ GERENCIAMENTO DE USUÁRIOS ›

Durante o processo de instalação, foi criada uma conta de usuário administrador com nome e senha definidos por você. Essa conta é a que tem sido utilizada até o momento para efetuar a administração do site/blog.

No entanto, também é possível adicionar novos usuários com direitos/privilégios que determinam as operações que eles podem executar. Tanto a adição quanto a edição de usuários podem ser efetuadas por meio do gerenciador de usuários, disponível ao ser selecionada a opção **Usuários** do painel de administração. Veja, na Figura 4.11, a tela apresentada por essa opção.

Figura 4.11 – Tela de gerenciamento de usuários.

Para incluir um novo usuário, clique no botão **Adicionar novo** para abrir a tela da Figura 4.12. Especifique um nome para o usuário, que em nosso caso deverá ser *visitante*. Um e-mail também deve ser fornecido. O nome completo (nome e sobrenome) pode ser informado também, tendo em vista ser opcional.

O WordPress gera automaticamente uma senha para o usuário, que pode ser alterada conforme sua necessidade ou desejo. Escolha o perfil do usuário na caixa de combinação **Função**. Para esse exemplo, deixe esse parâmetro configurado com o valor **Assinante**. Para confirmar a inclusão, clique no botão **Adicionar novo usuário**. Com isso, a lista de usuários é reapresentada (Figura 4.13).

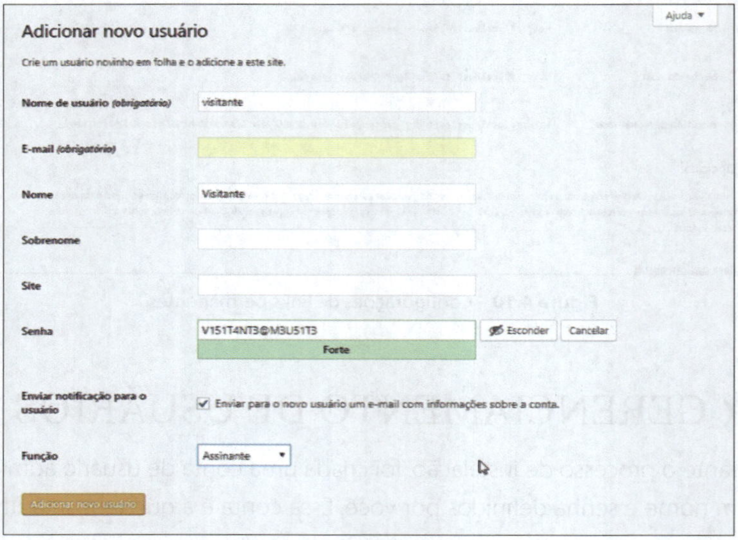

Figura 4.12 – Tela de adição de usuário.

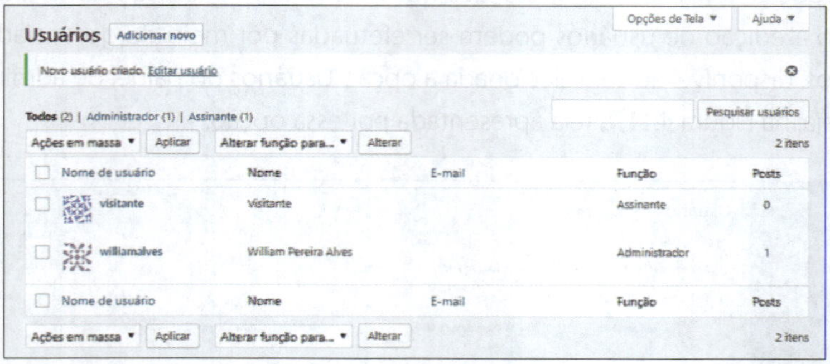

Figura 4.13 – Lista de usuários cadastrados.

Para editar as configurações de um usuário, posicione o cursor sobre seu nome e clique na opção **Editar**. O primeiro grupo de parâmetros, mostrado na Figura 4.14, permite a seleção de um padrão de cor para o painel de administração. Também é possível selecionar o idioma a ser utilizado.

As Figuras 4.15 e 4.16 apresentam as demais opções de configuração presentes nessa tela.

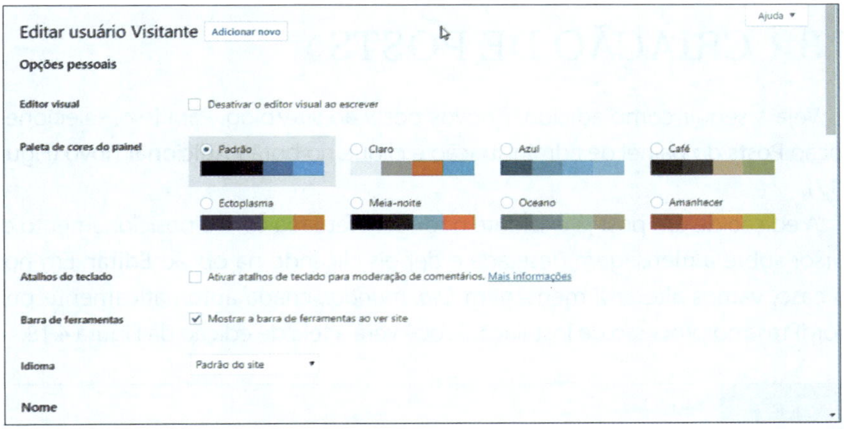

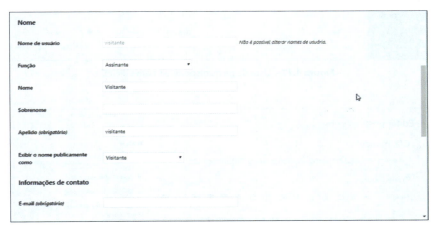

Figura 4.14 – Seleção de padrão de cor do painel de administração.

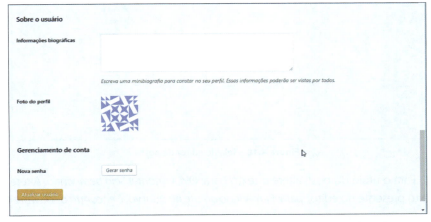

Figura 4.15 – Configurações de identificação do usuário.

Figura 4.16 – Informações extras, seleção de imagem avatar e geração de senha.

4.3 ‹ CRIAÇÃO DE POSTS ›

Veja a seguir como adicionar novos posts ao site/blog. Para isso, selecione a opção **Posts** do painel de administração e clique no botão **Adicionar novo** (Figura 4.17).

A edição de um post já existente pode ser efetuada com o posicionamento do cursor sobre a mensagem desejada e depois clicando na opção **Editar**. Em nosso caso, vamos alterar a mensagem *Olá, mundo!*, criada automaticamente pelo WordPress no processo de instalação. Você verá a tela de edição da Figura 4.18.

Figura 4.17 – Lista de posts disponíveis para edição.

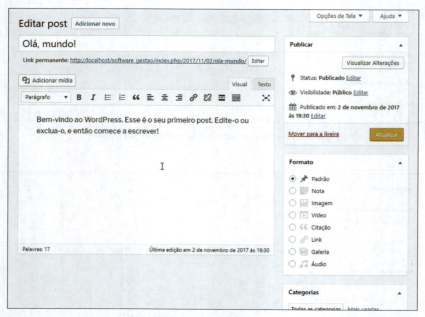

Figura 4.18 – Tela do editor de posts.

Para o título do post, altere o texto para: *Olá, visitante! Seja bem-vindo*. Altere o texto presente no editor para: *Bem-vindo ao site no qual você encontra o software de gestão ideal para sua empresa!*.

Clique no ícone **Inserir tag Leia Mais** (⬚) para que a tela do editor seja expandida e assim você possa entrar com um texto maior, descrevendo mais detalhes sobre o assunto. Digite o seguinte texto:

Dispomos de softwares aplicativos para gestão de farmácias/drogarias, imobiliárias, lojas de roupas/calçados, além de um sistema ERP completo para editoras de livros, que oferece funcionalidades que vão desde o cadastro de autores e livros até a comercialização (venda ou consignação), com emissão de Nota Fiscal Eletrônica (NFe) ou Cupom Fiscal (ECF/SAT), controle financeiro (contas a pagar/receber), direitos autorais e controle de utilização de papel (DIF Papel Imune).

A Figura 4.19 apresenta o editor de post com os textos novos. É importante destacar que, na visualização desse post no site, esse segundo texto somente será exibido quando for clicada a opção **Continue lendo** localizado na parte inferior da área de exibição.

Figura 4.19 – Tela do editor de post com os novos textos.

Depois de digitados os textos, clique no botão **Atualizar**, mostrado à direita, para finalizar a edição.

Volte a visualizar o site/blog e clique na opção **Blog**. Você verá uma tela similar à da Figura 4.20. Após clicar em **Continue lendo**, a página é expandida, apresentando o restante do texto da mensagem (Figura 4.21).

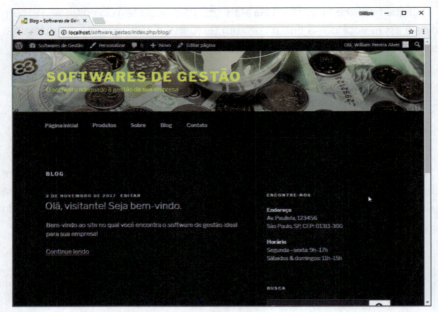

Figura 4.20 – Visualização da mensagem alterada.

Figura 4.21 – Visualização do texto mais detalhado da mensagem.

A inclusão de um novo post na área de blog é realizada por meio do botão **Adicionar novo**. A tela do editor de post será mostrada com os campos em branco. Digite como título para o post a expressão caractere: *Nova versão do ERP para editoras*. Note que o WordPress automaticamente cria uma referência para a página que conterá esse post. Essa referência pode ser vista ao lado da legenda **Link permanente**, sendo possível editá-la com um clique no botão **Editar**.

Para o texto do post, informe o seguinte:

Lançamento da nova versão do sistema de gerenciamento de editoras de livros técnicos (ERPEdit) com a adição de uma nova funcionalidade direcionada ao controle de bens patrimoniais.

Veja o resultado na Figura 4.22.

Figura 4.22 – Texto da nova mensagem do blog.

Vamos agora criar uma categoria na qual estará vinculada essa mensagem. Para isso, clique na opção **Adicionar nova categoria**, localizado no painel à direita da tela (Figura 4.23). No campo apresentado em seguida (Figura 4.24), digite a expressão caractere: *Atualizações de softwares*.

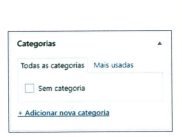
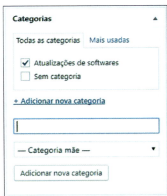

Figura 4.23 – Texto da nova mensagem do blog.

Figura 4.24 – Texto da nova mensagem do blog.

4.4 ‹ EDIÇÃO DE PÁGINAS ›

Realizaremos a partir daqui alterações em diversas páginas do nosso site em WordPress. As alterações visam adaptar os textos para refletir nossa realidade.

Clique na opção **Páginas** do painel de administração, assim a tela da Figura 4.25 aparecerá em seguida.

A primeira página que alteraremos é a que identificamos com a legenda *Sobre*. Posicione o cursor do mouse sobre ela e clique na opção **Editar**. O editor de conteúdo de página é então apresentado (Figura 4.26). Substitua o texto pelo seguinte:

> Somos uma empresa especializada no desenvolvimento de softwares para gestão/administração de empresas, com mais de 20 anos de experiência.
>
> Utilizamos as tecnologias e ferramentas mais atuais para oferecer as melhores opções em softwares de gestão.
>
> Temos soluções que vão desde aplicações desktop até computação em nuvem, passando por cliente/servidor e aplicativos para dispositivos móveis.
>
> Também desenvolvemos software sob medida para suas necessidades. Mostre-nos seu problema e nós lhe daremos a solução.

Figura 4.25 – Lista de páginas do site/blog.

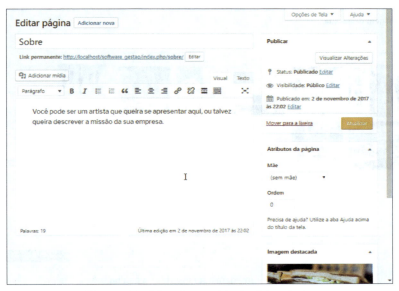

Figura 4.26 – Editor de conteúdo da página aberto.

Na parte inferior do painel à direita, podemos ver que existe um quadro contendo uma imagem (Figura 4.27). Vamos alterá-la dando um clique na imagem. Isso faz com que se abra a caixa de diálogo de seleção de imagem, já vista anteriormente. Clique no botão **Selecionar arquivos** e depois escolha o arquivo de imagem selecionada da Figura 4.28. A ilustração pode ser baixada gratuitamente pelo endereço <www.freeimages.com/photo/team-iii-1238228>. Grave-o com o nome *img-missao.jpg*. A Figura 4.29 exibe o resultado final. Clique no botão **Atualizar** para finalizar as alterações.

Figura 4.27 – Texto da nova mensagem do blog.

Figura 4.28 – Imagem a ser inserida na página *Sobre*.

Figura 4.29 – Resultado da edição da página *Sobre*.

A próxima página a ser alterada é a **Página de exemplo**. Seu título e texto devem ser alterados para o apresentado pela Figura 4.30. Já para a página **Contato**, o texto deverá ser o seguinte:

Endereço: Rua Ômega, 1200, Jd. Delta – São Paulo/SP
Fone: +55 (11) 0101-1010
e-mail: contato@softwaregestao.net

Altere a imagem para essa nova página, utilizando outra ilustração do banco de fotos gratuito: <www.freeimages.com/photo/phone-1460482> e grave-a com o nome *img-contato.jpg*. Na Figura 4.31, é possível ver o resultado.

Figura 4.30 – Título e texto para a página identificada como página de exemplo.

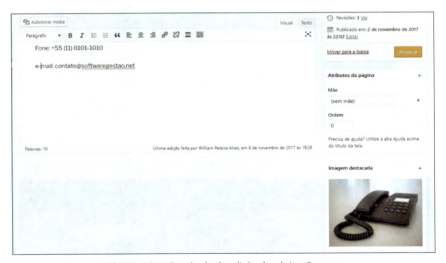

Figura 4.31 – Resultado da edição da página *Contato*.

Depois de efetuadas essas alterações, volte à visualização do site. Role a página principal para cima para poder ver a área que contém o texto da página principal e da seção **Nossa Missão** (Figura 4.32). As Figuras 4.33 e 4.34 exibem as respectivas telas para as seções **Sobre** e **Contato**.

Figura 4.32 – Página principal e seção *Nossa Missão*.

Figura 4.33 – Seção *Sobre*.

Figura 4.34 – Seção *Contato*.

No próximo capítulo, iniciaremos a criação das páginas que devem ser acessadas por meio da opção **Produtos**.

A partir deste capítulo, os exercícios são práticos e devem ser resolvidos tomando como base o site desenvolvido nos capítulos.

EXERCÍCIOS

1. Com base no site criado, altere o formato de data do site para que seja exibida como DD/MM/AAAA.

2. Especifique como limite máximo de posts visualizados por tela em 20.

3. Acrescente à lista de moderação e lista negra os termos: sexo, morte, acidente e violência.

4. Nas configurações de mídia, altere o valor para visualização de imagem em tamanho grande para o valor 800 em ambas as dimensões.

5. Crie um novo post com título e texto de sua escolha/preferência.

5

ADIÇÃO DE PÁGINAS E CRIAÇÃO DE LINKS

INTRODUÇÃO

Neste capítulo, aprenderemos a adicionar novas páginas ao site, incluir imagens e criar links que podem exibi-las na tela.

5.1 ‹ EDIÇÃO DA PÁGINA DE PRODUTOS ›

A opção **Produtos** foi adicionada sem ter qualquer funcionalidade, até agora. Ela simplesmente abre uma nova seção totalmente em branco. Para editar seu conteúdo, selecione a opção **Páginas** do menu do painel de administração e depois clique em **Editar**, da página denominada **Produtos**. Então, digite o seguinte texto no editor do WordPress:

SGEdit – Gestão de Editoras

Uma ferramenta completa, desenvolvida exclusivamente com o objetivo de melhorar o gerenciamento administrativo, comercial e financeiro de uma editora. Com este software, torna-se muito mais fácil o controle do processo de editoração/publicação, gestão das vendas e acompanhamento das consignações efetuadas.

Estão presentes ainda funcionalidades para administração de uso de papel (declaração DIF Papel Imune) e do controle de pagamentos de di reitos autorais, além de diversos relatórios gerenciais. Controle de estoque por edição do livro, com capacidade de segmentação por unidade/filial, é outra característica que diferencia este sistema dos demais existentes no mercado.

Ver detalhes

SGImobiliárias – Gestão de Imobiliárias

Este software possui recursos avançados que permitem um melhor gerenciamento dos imóveis administrados pela sua empresa. Com ele, você pode listar os imóveis que atendem às necessidades do cliente por meio da especificação de diversas características. Também é possível enviar mala direta por e-mail ou por intermédio dos Correios.

Ver detalhes

SGLojas – Gestão de Lojas

Uma ferramenta completa, desenvolvida com o objetivo de auxiliar a gestão administrativa, comercial e financeira de uma loja.

O sistema é composto por três módulos que possuem total integração entre si.

Ver detalhes

SGFarmácias – Gestão de Farmácia

Este software possui diversos recursos que tornam possível um melhor gerenciamento administrativo e financeiro de uma farmácia/drogaria.

Oferece, como diferencial, gerenciamento de crediário de clientes e possibilidade de integração com convênio particular de empresas.

Ver detalhes

Observe que são adicionados automaticamente espaços entre cada parágrafo.

Selecione a linha que contém o texto **SGEdit – Gestão de Editoras** e, em seguida, clique na caixa de combinação que permite especificar o tipo de texto/parágrafo a partir da lista de opções mostrada na Figura 5.1. Escolha a opção **Cabeçalho 2**.

Selecione todo o texto dessa linha e depois clique no ícone de estilo negrito (**B**). O resultado pode ser visto na Figura 5.2.

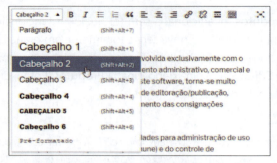

Figura 5.1 – Opções do tipo de texto/parágrafo.

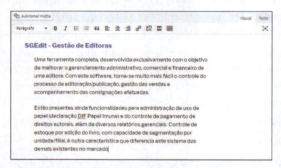

Figura 5.2 – Resultado obtido com as configurações.

A seguir, selecione o texto *Ver detalhes* e configure-o com o tipo de **CABEÇALHO 5** (Figura 5.3). A Figura 5.4 apresenta o resultado dessa configuração.

Repita esse último processo para todas as ocorrências da expressão *Ver detalhes*. Da mesma forma, configure com o tipo **Cabeçalho 2** os seguintes textos:

    SGImobiliárias – Gestão de Imobiliárias

    SGLojas – Gestão de Lojas

    SGFarmácias – Gestão de Farmácia

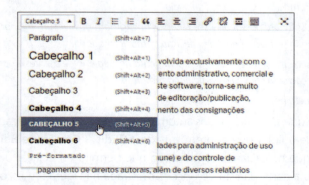

Figura 5.3 – Opções do tipo de texto/parágrafo.

Figura 5.4 – Resultado obtido com as configurações.

Grave as alterações clicando no botão **Atualizar**. Em seguida, visualize o site e clique na opção **Produtos** do menu para ver a página correspondente (Figura 5.5).

Figura 5.5 – Visualização da página correspondente à opção *Produtos*.

5.2 ‹ INCLUSÃO DE NOVAS PÁGINAS ›

Vamos agora adicionar páginas ao nosso site, correspondentes a cada opção de software/produto. Após finalizar esse processo, voltaremos à página de produtos para criar os links necessários para abri-las.

Com a opção **Páginas** selecionada no painel de administração, clique no botão **Adicionar nova**. O editor do WordPress é mostrado em branco (Figura 5.6).

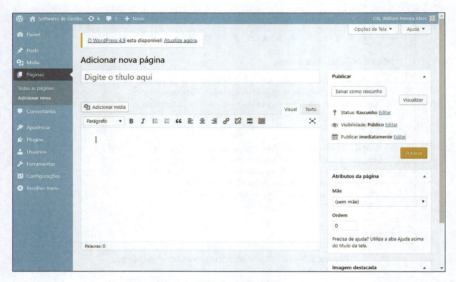

Figura 5.6 – Editor de páginas do WordPress.

Digite no campo superior, que representa o título para a página, a expressão caractere: *SGEdit – Gestão de Editoras*. Na área central do editor, entre com o texto que deve ser exibido pela página. Para essa nossa primeira página, ele deverá ser o seguinte:

Um sistema modular, com total integração entre os cinco módulos que o compõem.

MÓDULO ADMINISTRATIVO

Neste módulo, você encontra funcionalidades para cadastramento de departamentos, cargos e funcionários, além do controle de benefícios concedidos e acompanhamento de exames médicos periódicos.

Permite também o cadastro de bens do ativo, controle de manutenção da frota de veículos da empresa e gerenciamento dos usuários do sistema com a definição das permissões de acesso de cada um.

MÓDULO EDITORIAL

Neste módulo, encontram-se recursos para cadastramento de autores, de títulos e de detentores dos direitos autorais, além do acompanhamento do processo de editoração/publicação do livro.

Existem também funções para cálculo do custo e preço final de um livro, controle do uso de papel para declaração semestral do DIF Papel Imune e previsão da necessidade de reimpressões com base no nível de estoque e índice de cobertura.

Oferece ainda geração de ordem de impressão e emissão de requisição de compra de papel.

MÓDULO COMERCIAL

Por meio deste módulo é possível efetuar o cadastramento de fornecedores e clientes; emitir pedidos (venda, consignação, doação etc.); controlar as consignações pendentes de acerto por cliente e enviar relatório demonstrativo por e-mail; gerar arquivos para confecção de mala direta ou catálogo e acompanhar as duplicatas já vencidas e não pagas.

O módulo possui diversos relatórios gerenciais para acompanhamento das vendas/faturamento.

MÓDULO FATURAMENTO

Este módulo permite a emissão dos diversos tipos de Notas Fiscais Eletrônicas (NFe), como venda, doação, consignação etc. Também contempla lançamento de entrada de notas fiscais de gráficas (entrada de livros em estoque), de devolução de livros (venda ou consignação) e de compra de papéis.

Oferece ainda controle de estoque de livros (por edição) e de papel para utilização nas impressões; relatório para declaração do sistema RECOPI; fechamento mensal de faturamento e geração de arquivos de notas fiscais eletrônicas emitidas para escrituração pela contabilidade.

MÓDULO FINANCEIRO

Contempla as funções de controle de contas a pagar e a receber, controle de caixa, acompanhamento de aplicações financeiras e conta corrente, gerenciamento de recebimentos de pagamentos de parcelas de cartões de crédito, geração de mapa de impostos e de mapa comparativo de despesas x receitas.

Oferece ainda a geração de arquivos para emissão de boletos de cobrança para os principais bancos e a impressão de cheques por meio de impressora específica.

Configure com o tipo **Cabeçalho 5** os textos que representam os nomes dos módulos. Veja, na Figura 5.7, o resultado.

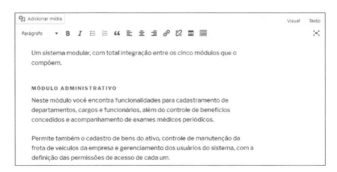

Figura 5.7 – Título do módulo após configuração.

Vamos, ainda, alterar a denominação dada pelo WordPress ao arquivo correspondente a essa página. Clique no botão **Editar** mostrado ao lado do item **Link permanente**. Isso fará com que seja aberta uma caixa de texto, a qual nos permite alterar a especificação do nome do arquivo (Figura 5.8). Digite a expressão caractere: **sgedit**. Clique no botão **OK** para confirmar a alteração e depois grave a página clicando no botão **Publicar**, mostrado no painel à direita da tela.

Figura 5.8 – Edição do nome do arquivo da página.

A segunda página será destinada à exibição de informações sobre o software *SGImobiliárias*. Adicione uma nova página e configure seu título com a expressão: *SGImobiliárias – Gestão de Imobiliárias*. O conteúdo dessa página deve ser o seguinte:

Este software possui recursos avançados que permitem um melhor gerenciamento dos imóveis administrados pela sua empresa. Com ele, você pode listar os imóveis que atendem às necessidades do cliente por meio da especificação de diversas características. Também é possível enviar mala direta por e-mail ou por intermédio dos Correios.

Entre as funcionalidades existentes, podemos destacar:

Cadastro de clientes: nesta função, podem ser cadastrados tanto clientes interessados na aquisição ou locação de um imóvel, quanto proprietários que desejam vender/alugar seu imóvel.

Cadastro de imóveis: essa função permite o cadastro de imóveis para venda ou locação. Inúmeras características podem ser configuradas, como, por exemplo, informações completas da localização (endereço, número de quadra/lote etc.); dimensões do terreno e da área construída; dados de infraestrutura disponível (rede de água/esgoto, asfalto, linha telefônica etc.); configurações do imóvel quanto ao acabamento, tipo de construção e cômodos existentes.

Consulta de imóveis: com essa função, é possível definir um filtro com a especificação de diversas características inerentes ao imóvel que se deseja pesquisar na base de dados. Uma relação é apresentada com aqueles que satisfazem as condições definidas por esse filtro.

Mala direta: permite o envio de informações sobre novos imóveis por meio de e-mail ou através de correspondência normal.

Selecione os quatro últimos parágrafos e depois clique no ícone de lista com marcadores ( ). Dessa forma, o texto terá a aparência mostrada pela Figura 5.9.

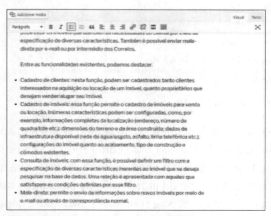

Figura 5.9 – Texto em formato de lista com marcadores.

Altere o nome do arquivo da página para *sgimobiliarias* e depois publique-a.

Crie outra página, atribuindo ao título a cadeia de caracteres: *SGLojas – Gestão de Lojas*. O texto referente ao conteúdo deve ser o seguinte:

Uma ferramenta completa, desenvolvida com o objetivo de auxiliar a gestão administrativa, comercial e financeira de uma loja.

O sistema é composto por três módulos que possuem total integração entre si. Suas principais características são:

Módulo de Gestão

Também conhecido como "retaguarda", permite gerenciar a empresa por meio de funcionalidades administrativas e acompanhamento de vendas e dos recursos financeiros.

- *Cadastro de funcionários/usuários, fornecedores, clientes e produtos.*
- *Geração de etiquetas de preços com códigos de barras.*
- *Entrada de notas fiscais de compra de produtos/mercadorias.*
- *Emissão de notas fiscais de saída ou de entrada por devolução de venda.*
- *Controle financeiro: contas a pagar e a receber.*
- *Emissão de carnês de crediário e registro de recebimentos.*
- *Relatórios de movimentação de estoques.*
- *Relatório de vendas efetuadas.*
- *Controle de caixa.*

Módulo de Atendimento Balcão

Este módulo é de uso exclusivo dos vendedores de balcão, permitindo-lhes consultar estoque e preço dos produtos, além de efetuar um pedido de venda a ser recuperado pelo módulo de caixa para emissão do cupom ou nota fiscal.

- *Lançamento dos itens vendidos.*
- *Aplicação de desconto por percentual ou por valor.*
- *Definição da forma (dinheiro, cartão ou crediário) e condições (à vista ou parcelado) de pagamento.*
- *Seleção de cliente já cadastrado.*

Módulo de Caixa

Módulo responsável pela emissão de cupom ou nota fiscal para concretização da venda. Também permite a geração de carnês de crediário.

- *Emissão de cupom fiscal.*
- *Concretização de venda a partir de pedido emitido no balcão.*
- *Venda direta ao cliente com lançamento dos itens.*
- *Aplicação de desconto por percentual ou por valor.*
- *Definição da forma (dinheiro, cartão ou crediário) e condições (à vista ou parcelado) de pagamento.*
- *Seleção de cliente já cadastrado.*
- *Emissão de carnê para venda no crediário.*
- *Recursos para gerenciamento da impressora fiscal (ECF), como emissão de Leitura X, Redução Z, suprimento/sangria de caixa, leitura da memória fiscal e relatórios Tipo 60.*

Configure os textos que representam os nomes dos módulos (Módulo de Gestão, Módulo de Atendimento Balcão e Módulo de Caixa) como sendo do tipo de formatação **Cabeçalho 2**.

Alguns parágrafos de textos também devem ser configurados como lista de marcadores. As Figuras 5.10, 5.11 e 5.12 apresentam esses textos.

Módulo de Gestão

Também conhecido como "retaguarda", permite gerenciar a empresa por meio de funcionalidades administrativas e acompanhamento de vendas e dos recursos financeiros.

- Cadastro de funcionários/usuários, fornecedores, clientes e produtos.
- Geração de etiquetas de preços com códigos de barras.
- Entrada de notas fiscais de compra de produtos/mercadorias.
- Emissão de notas fiscais de saída ou de entrada por devolução de venda.
- Controle financeiro: contas a pagar e a receber.
- Emissão de carnês de crediário e registro de recebimentos.
- Relatórios de movimentação de estoques.
- Relatório de vendas efetuadas.
- Controle de caixa.

Figura 5.10 – Texto para seção *Módulo de Gestão*.

Módulo de Atendimento Balcão

Este módulo é de uso exclusivo dos vendedores de balcão, permitindo-lhes consultar estoque e preço dos produtos, além de efetuar um pedido de venda a ser recuperado pelo módulo de caixa para emissão do cupom ou nota fiscal.

- Lançamento dos itens vendidos.
- Aplicação de desconto por percentual ou por valor.
- Definição da forma (dinheiro, cartão ou crediário) e condições (à vista ou parcelado) de pagamento.
- Seleção de cliente já cadastrado.

Figura 5.11 – Texto para seção *Módulo de Atendimento Balcão*.

Módulo de Caixa

Módulo responsável pela emissão de cupom ou nota fiscal para concretização da venda. Também permite a geração de carnês de crediário.

- Emissão de cupom fiscal.
- Concretização de venda a partir de pedido emitido no balcão.
- Venda direta ao cliente com lançamento dos itens.
- Aplicação de desconto por percentual ou por valor.
- Definição da forma (dinheiro, cartão ou crediário) e condições (à vista ou parcelado) de pagamento.
- Seleção de cliente já cadastrado.
- Emissão de carnê para venda no crediário.
- Recursos para gerenciamento da impressora fiscal (ECF), como emissão de Leitura X, Redução Z, suprimento/sangria de caixa, leitura da memória fiscal e relatórios Tipo 60.

Figura 5.12 – Texto para seção *Módulo de Caixa*.

Altere o nome do arquivo para *sglojas* e depois publique a página.

A última página a ser criada deve ter como título a cadeia de caracteres: *SGFarmácias – Gestão de Farmácias*. Seu conteúdo é apresentado a seguir:

Este software possui diversos recursos que tornam possível um melhor gerencia-mento administrativo e financeiro de uma farmácia/drogaria. Composto por um único módulo/programa, oferece, entre outras, as principais funcionalidades:

Cadastro de produtos, com classificação por marca e tipo.

Cadastro de clientes e vendedores.

Consulta de estoque e preço dos produtos.

Controle de caixa: abertura, entradas, saídas, encerramento e movimento diário.

Gerenciamento de contas a pagar e a receber.

Controle de crediário dos clientes.

Emissão de cupom fiscal ou nota fiscal.

Recurso para gerenciamento de convênio particular com empresas.

Com exceção do primeiro parágrafo, todos os demais devem ser configurados como lista de marcadores.

O nome do arquivo deve ser alterado para *sgfarmacias*. Publique a página para finalizar sua criação.

A Figura 5.13 exibe todas as páginas do nosso site até o momento.

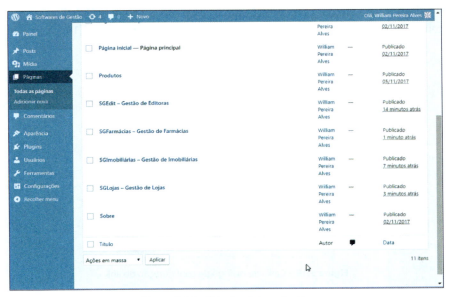

Figura 5.13 – Lista de páginas do site.

5.3 ‹ DEFINIÇÃO DE LINKS PARA AS PÁGINAS ›

Neste tópico, veremos como definir os links na página **Produtos**, os quais são responsáveis pela exibição dessas páginas que acabamos de criar.

Abra novamente a página denominada **Produtos** em modo de edição e clique na linha que apresenta a expressão caractere *Ver detalhes* referente ao software *SGEdit*. Clique no botão **Inserir link** ( ), dessa forma será mostrada a caixa de texto da Figura 5.14. Digite a expressão *sgedit*, assim você verá uma lista contendo itens que correspondem à cadeia de caracteres informada (Figura 5.15).

Figura 5.14 – Caixa de texto para especificação do endereço do arquivo (URL).

Figura 5.15 – Lista de opções de páginas para seleção.

Caso queira efetuar configurações mais avançadas, clique no ícone que contém uma engrenagem (⚙) para abrir a caixa de diálogo da Figura 5.16.

Figura 5.16 – Caixa de diálogo de configuração do link.

Para confirmar a especificação do link, clique no ícone representado por um quadro azul com uma seta ( ).

Proceda do mesmo modo para configurar os links das demais opções de software, conforme descrito na Tabela 5.1.

Tabela 5.1 – Especificação dos links das páginas de produtos.

Produto	Link da página
SGImobiliárias	sgimobiliarias
SGLojas	sglojas
SGFarmácias	sgfarmacias

Clique no botão **Atualizar** para gravar as alterações e em seguida visualize o site. Clique na opção **Produtos** e depois em **Ver detalhes** referente ao software *SGEdit*. É exibida a página da Figura 5.17.

Figura 5.17 – Página com descrição do software SGEdit.

5.4 ‹ INSERÇÃO DE IMAGENS ›

Já vimos anteriormente como alterar a imagem exibida no fundo de uma página. Agora você aprenderá a inserir uma imagem que não servirá como fundo, mas como um componente de layout da página.

As imagens que utilizaremos nesse processo são telas capturadas dos respectivos softwares que foram tomados como exemplo. Todos os arquivos dessas imagens fazem parte do kit disponível para download no site da editora. Abra a página **SGEdit – Gestão de Editoras** no modo de edição e insira uma linha em branco após o último parágrafo da seção denominada **Módulo Administrativo** (Figura 5.18).

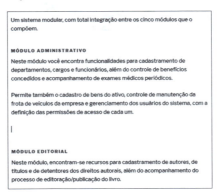

Figura 5.18 – Inserção de linha em branco no texto.

Em seguida, clique no botão **Adicionar mídia** e na tela da Figura 5.19, acesse a aba **Enviar arquivos**. Clique no botão **Selecionar arquivos** e escolha o arquivo de imagem denominado *sge_administrativo03.png*, disponível para download no site da editora. Quando for mostrada a tela da Figura 5.20, clique no botão **Inserir na página**. Você terá como resultado a tela da Figura 5.21.

Figura 5.19 – Tela para seleção de imagem a ser inserida na página.

Figura 5.20 – Imagem a ser inserida na página.

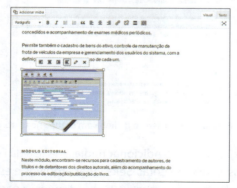

Figura 5.21 – Imagem inserida entre textos da página.

Note que é apresentada uma barra de ícones acima da imagem. Esses ícones permitem alinhar a imagem dentro da página e também efetuar algumas configurações. Para nosso caso, selecione o ícone de centralização (≡). Em seguida, clique no ícone de edição, representado por um pequeno lápis (✎). Com isso, a caixa de diálogo da Figura 5.22 é aberta. Clique na caixa de combinação identificada pela legenda **Tamanho** e selecione a opção **Tamanho completo** (Figura 5.23).

Figura 5.22 – Tela de edição da imagem.

Essa configuração faz com que a imagem seja exibida em seu tamanho real. Clique no botão **Atualizar** e depois feche a tela para retornar à página. O resultado pode ser visto na Figura 5.24.

É possível efetuar essa mesma configuração durante o processo de inserção da imagem. Para isso, desloque o painel lateral da caixa de diálogo para seleção de imagem até que apareçam as opções mostradas na Figura 5.25. De forma similar ao que foi feito anteriormente, clique na caixa de combinação **Tamanho** e escolha a opção **Tamanho completo**.

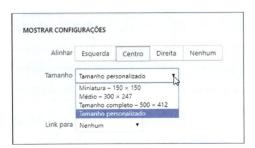

Figura 5.23 – Opções de configuração do tamanho da imagem.

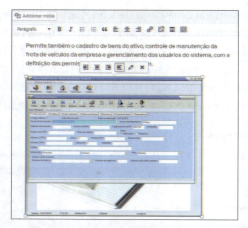

Figura 5.24 – Imagem sem ajuste de tamanho.

Figura 5.25 – Tela de edição da imagem.

Para as demais seções, insira as imagens apresentadas na Tabela 5.2, seguindo o procedimento apresentado anteriormente.

Tabela 5.2 – Imagens a serem inseridas na página SGEdit.

Seção da página	Arquivo de imagem
Módulo Editorial	sge_editorial04.png
Módulo Comercial	sge_comercial03.png
Módulo Faturamento	sge_faturamento04.png
Módulo Financeiro	sge_financeiro02.png

Após gravar as alterações com um clique no botão **Atualizar**, abra a página **SGImobiliarias** para também inserir uma imagem na base, após os textos. O arquivo de imagem a ser inserida tem o nome *sgimobiliaria03.png*.

Para a página **SGLojas,** deve ser inserida uma imagem após o último parágrafo de cada seção que descreve as funcionalidades dos módulos. Os arquivos das imagens têm os seguintes nomes: *sgl_gestao03.png, sgl_balcao02.png* e *sgl_caixa03.png*.

Por fim, temos a página **SGFarmácias**. Precisamos inserir, após o texto, o arquivo de imagem *sgfarmacia04.png*.

Depois de todas essas alterações, visualize o site e acesse as opções dos softwares para ver como ficaram as páginas com essas imagens adicionadas. Veja o exemplo da Figura 5.26.

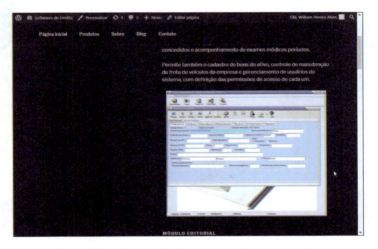

Figura 5.26 – Visualização da página com imagem inserida.

Outras formatações de textos e a inserção de plugins para exibição de álbum de imagens serão assuntos abordados no próximo capítulo.

EXERCÍCIOS

1. Altere os títulos dos softwares exibidos pela página **Produtos** para o tipo **Cabeçalho 1**.

2. Selecione o alinhamento centralizado para os títulos dos softwares constantes na página **Produto**.

3. Defina um alinhamento centralizado para os parágrafos que representam os títulos dos módulos da página **SGEdit**.

4. Nas páginas que constam parágrafos configurados com o tipo lista de marcadores, substitua-os por lista numerada.

6

EDIÇÃO DE PÁGINA E ADIÇÃO DE PLUGIN

INTRODUÇÃO

Este capítulo demonstra como realizar outros tipos de edições em páginas já prontas e também apresenta os passos para adição de um plugin que permite visualizar várias imagens por meio de um efeito de deslocamento circular.

6.1 ‹ COR DE TEXTOS E LINHA HORIZONTAL ›

Vamos aprender neste primeiro tópico a especificar uma cor diferente aos textos. No entanto, é preciso alterar a exibição da barra de ferramentas do editor de páginas do WordPress, tendo em vista que, normalmente, ela apresenta apenas uma linha de ícones. Para isso, clique no ícone **Alterar barra** (􂀁) e, assim, será apresentada uma segunda linha (Figura 6.1).

Figura 6.1 – Exibição de uma segunda linha na barra de ferramentas do editor.

Figura 6.2 – Paleta de cores.

Abra a página **Produtos** e então selecione o texto *SGEdit – Gestão de Editoras*. Em seguida, clique no ícone de seleção de cor (􂀁) para que seja exibida a paleta de cores da Figura 6.2. Escolha a cor identificada pela legenda *Royal Blue* (sexta coluna da terceira linha). Clique também no ícone de estilo negrito (􂀁).

Adicione um pequeno recuo à margem esquerda do texto. Para isso, selecione os dois parágrafos de texto e depois clique no ícone **Aumentar a indentação** (􂀁).

A Figura 6.3 apresenta o resultado obtido após essas alterações.

Agora posicione o cursor de edição no início do texto *SGImobiliárias – Gestão de Imobiliárias*. Clique no ícone de linha (􂀁) para adicionar uma linha horizontal que separa as seções, conforme mostra a Figura 6.4.

Repita o processo de atribuição de cor e, adição de recuo e inserção de linha para os demais textos que representam títulos das seções da página.

Figura 6.3 – Texto com cor alterada.

Figura 6.4 – Linha de separação adicionada.

6.2 ‹ ÁLBUM DE IMAGENS ›

Um recurso muito empregado em sites para a exibição de diversas imagens em um único local é conhecido como *slider*, que permite o deslocamento das imagens de forma automática ou manual. Nesse último caso, o usuário simplesmente clica em uma seta para avançar ou retroceder as imagens.

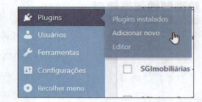

Figura 6.5 – Opção para instalação de plugin.

Para que seja possível utilizar esse recurso em sites criados com o WordPress, há um plugin que deve ser adicionado. Para isso, selecione a opção **Plugins** e clique no item **Adicionar novo** (Figura 6.5). A tela da Figura 6.6 é apresentada em seguida.

Figura 6.6 – Tela para seleção de plugin.

Essa é a tela de gerenciamento de plugins, a qual nos permite instalar os plugins desejados.

Podemos procurar por um plugin específico digitando seu nome na caixa de texto localizada no canto superior direito. Para nosso caso, entre com a cadeia de caracteres *huge-it slider* e tecle [ENTER]. Você obterá uma tela similar à da Figura 6.7.

Clique no botão **Instalar agora** mostrado junto ao item denominado **Responsive Slider – Image Slider – Slideshow for WordPress**. O processo de instalação iniciará e depois de alguns segundos uma nova tela será aberta (Figura 6.8).

Embora o plugin já esteja instalado, é preciso ativá-lo para que possa ser utilizado. Clique no botão **Ativar**, dessa forma você poderá ver um novo item no painel de administração que representa o plugin (Figura 6.9).

Ao clicar nesse novo item, a tela de configuração do slider de imagens será apresentada (Figura 6.10).

Veja que um item já será apresentado contendo uma configuração de imagens. Clique no ícone de lata de lixo desse item para excluí-lo, uma vez que não iremos utilizá-lo.

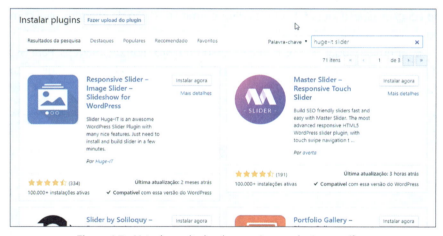

Figura 6.7 – Lista de resultados da pesquisa por plugin específico.

Figura 6.8 – Tela para ativação do plugin.

Figura 6.9 – Opção do painel de administração referente ao plugin.

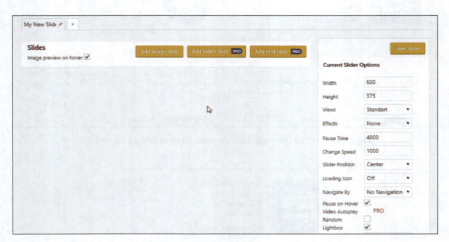

Figura 6.10 – Tela de gerenciamento de slider de imagens.

Em seguida, clique no botão **Add New Slider** para que seja apresentada a tela do *editor de slider* (Figura 6.11). Esse editor permite a adição de imagens para compor o conjunto que será exibido de forma sequencial.

Em primeiro lugar, vamos nomear nosso primeiro slide de imagens. Para isso, clique no ícone de um lápis localizado ao lado do título da aba. Então digite a cadeia de caracteres: *Imagens SGEdit*.

Figura 6.11 – Tela do editor de slider.

Para adicionar uma imagem ao conjunto, é necessário clicar no botão **Add Image Slide**. A tela de seleção de imagem já vista anteriormente será reapresentada. Selecione o arquivo de imagem denominado *sge_administrativo01.png*. Veja a Figura 6.12.

Figura 6.12 – Imagem para slider inserida.

Digite no campo com a legenda **Title** a expressão caractere: *Módulo administrativo*. Esse texto será exibido junto à imagem durante sua visualização. À direita, temos um painel de configurações que permite efetuar diversos ajustes na forma de execução do slider. A partir da caixa de combinação **Effects**, é possível selecionar o tipo de efeito de transição desejado (Figura 6.13). Para nosso exemplo, escolha a opção **Slide Horizontal**. Os campos **Pause Time** e **Change Speed** representam, respectivamente, o tempo de pausa entre cada imagem e a velocidade de transição. Esses tempos são contados em milissegundos. O padrão estabelecido pelo WordPress é de 4 segundos para a pausa e 1 segundo para a transição.

O campo **Navigation By** oferece as opções mostradas pela Figura 6.14. Elas permitem a exibição de uma pequena barra de navegação pelas imagens no topo da área do slider. Selecione a opção **Dot**, o que resulta na exibição de pequenos pontos circulares. No campo **Slide Effect**, encontramos também diversas opções de efeitos para o tipo de transição escolhido no campo **Effects** (Figura 6.15).

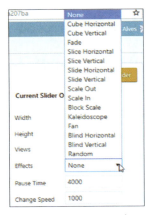

Figura 6.13 – Opções de efeitos de transição.

Figura 6.14 – Opções de navegação.

Figura 6.15 – Opções de efeitos.

A partir da caixa de combinação **Arrow Style,** é possível selecionar o visual das setas apresentadas nas laterais da área de exibição das imagens (Figura 6.16). Essas setas servem para que o usuário possa avançar ou retroceder as imagens que formam o grupo. Essa movimentação pelo conjunto é cíclica, ou seja, quando se alcançar a última imagem, a primeira é reexibida. O mesmo vale quando se alcança a primeira imagem e ocorre a tentativa de voltar mais uma vez, sendo apresentada a última do grupo. Ao se posicionar o cursor sobre o ícone representado por um olho (à direita da caixa de combinação), um exemplo do visual dos botões de setas é apresentado (Figura 6.17).

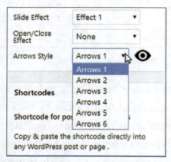 

Figura 6.16 – Opções de setas de navegação.

Figura 6.17 – Visualização da seta selecionada.

As configurações efetuadas nesse painel servem para todas as imagens do slider atualmente aberto.

Para finalizar, adicione também os seguintes arquivos a esse slider: *sge_administrativo02.png*, *sge_administrativo03.png* e *sge_administrativo04.png*, disponíveis no site da editora.

Você deve ter notado que as imagens são empilhadas de baixo para cima, conforme a ordem de inserção. Vamos fazer uma pequena alteração nessa ordem, posicionando a última imagem (a primeira que inserimos) no topo da lista, fazendo com que ela seja mostrada em primeiro lugar pelo slider.

Clique nela e, mantendo o botão do mouse pressionado, arraste-a até posicioná-la no início da lista. Observe a Figura 6.18.

Figura 6.18 – Ordem das imagens alterada.

Clique no botão **Save Slider** para gravar todas as configurações desse slider e fechar o editor.

Uma vez que o software de gestão de editoras possui cinco módulos distintos, precisaremos criar mais quatro sliders. A Tabela 6.1 contém as configurações necessárias a esses outros sliders.

Tabela 6.1 – Configurações para os demais sliders da página SGEdit.

Nome do slider	Título	Arquivo de imagem
Imagens SGEdit2	Módulo editorial	sge_editorial04.png sge_editorial03.png sge_editorial02.png sge_editorial01.png
Imagens SGEdit3	Módulo comercial	sge_comercial04.png sge_comercial03.png sge_comercial02.png sge_comercial01.png
Imagens SGEdit4	Módulo faturamento	sge_faturamento04.png sge_faturamento03.png sge_faturamento02.png sge_faturamento01.png
Imagens SGEdit5	Módulo financeiro	sge_financeiro04.png sge_financeiro03.png sge_financeiro02.png sge_financeiro01.png

É importante que as imagens sejam inseridas na ordem apresentada na Tabela 6.1. A Figura 6.19 exibe a tela com a lista de todos os sliders criados até o momento.

Volte a abrir a página **SGEdit – Gestão de Editoras** no modo de edição. Selecione a imagem da seção denominada **Módulo Administrativo** e apague--a teclando [DEL]. Em seguida, clique no botão **Add Slider** (Add Slider), surgirá uma tela que permite a seleção do slider a ser inserido na página, no local em que se encontra o cursor. Clique na caixa de combinação, selecione a opção **Imagens SGEdit1** (Figura 6.20) e então no botão **Insert Slider**. Veja o resultado na Figura 6.21.

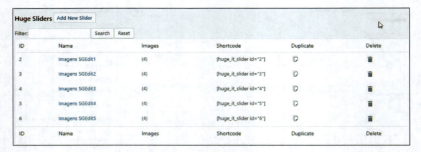

Figura 6.19 – Lista dos sliders já criados.

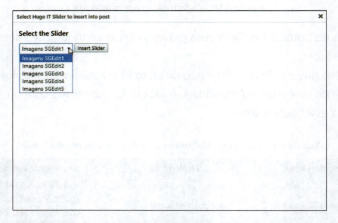

Figura 6.20 – Lista de sliders disponíveis para inserção na página.

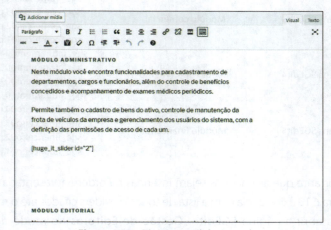

Figura 6.21 – Página com slider inserido.

Repita o processo substituindo as demais imagens pelos sliders correspondentes, conforme descrito na Tabela 6.2.

Tabela 6.2 – Correspondência das seções da página e os sliders.

Seção da página	Slider a ser inserido
Módulo Editorial	Imagens SGEdit2
Módulo Comercial	Imagens SGEdit3
Módulo Faturamento	Imagens SGEdit4
Módulo Financeiro	Imagens SGEdit5

Clique no botão **Atualizar** para gravar as alterações efetuadas na página. Em seguida, visualize o site e selecione a opção **Produtos**. Então clique no item **Ver Detalhes** da seção **SGEdit – Gestão de Editoras** e você verá a tela da Figura 6.22.

Figura 6.22 – Visualização da página com o slider de imagens.

No próximo capítulo, aprenderemos como adicionar novos temas que podem ser utilizados em nosso site.

EXERCÍCIOS

1. Altere as páginas **SGFarmácias**, **SGImobiliárias** e **SGLojas** removendo suas imagens e adicionando um slider de imagens. A tabela apresentada a seguir deve ser utilizada como guia para a configuração dos sliders.

Página	Nome do slider	Título	Arquivo de imagem
SGFarmácias	Imagens SGFarmácias	Tela de venda	sgfarmacia04.png
		Tela de cadastro de cliente	sgfarmacia03.png
		Tela de cadastro de medicamento	sgfarmacia02.png
		Tela principal	sgfarmacia01.png
SGImobiliárias	Imagens SGImobiliárias	Tela de pesquisa de imóvel	sgimobiliaria04.png
		Tela de cadastro de imóvel	sgimobiliaria03.png
		Tela de cadastro de cliente	sgimobiliaria02.png
		Tela principal	sgimobiliaria01.png
SGLojas	Imagens SGLojas1	Módulo de gestão	sgl_gestao04.png
		Módulo de gestão	sgl_gestao03.png
		Módulo de gestão	sgl_gestao02.png
		Módulo de gestão	sgl_gestao01.png
	Imagens SGLojas2	Módulo venda balcão	sgl_balcao03.png
		Módulo venda balcão	sgl_balcao02.png
		Módulo venda balcão	sgl_balcao01.png
	Imagens SGLojas3	Módulo de caixa	sgl_caixa04.png
		Módulo de caixa	sgl_caixa03.png
		Módulo de caixa	sgl_caixa02.png
		Módulo de caixa	sgl_caixa01.png

TEMAS, WIDGETS E MENUS

INTRODUÇÃO

Os conceitos de temas em WordPress e a adição de novos temas ao site para utilização são apresentados neste capítulo, bem como o uso de widgets e a configuração de menus para redes sociais.

7.1 ‹ CONCEITO DE TEMAS ›

Entre a variedade de recursos oferecidos pelo WordPress para a personalização dos websites, encontramos os temas, que permitem alterar completamente a aparência de forma rápida e simples, desde a disposições dos elementos nas páginas até a configuração de menus e imagens de fundo.

Podemos efetuar o download dos temas a partir do site do WordPress, tanto em inglês como em português, conforme mostra a Figura 7.1.

Figura 7.1 – Site da versão em português do WordPress com opções de temais para download.

Quando um novo site/blog é criado no WordPress, o tema *Twenty Fifteen* é automaticamente definido como padrão. No entanto, existem muitos outros tipos de temas para serem selecionados, sendo alguns gratuitos e outros pagos. Eles podem, ainda, ser agrupados em tema padrão, tema filho, tema iniciante e tema de framework.

Os temas padrões trabalham de modo a oferecer algum tipo de personalização ou ajuste fino em seu formato original.

Um tema filho herda todas as configurações (características e funcionalidades) de um tema pai. Qualquer alteração que seja necessária deve ser efetuada no tema filho.

Com o tema iniciante, o desenvolvedor é encorajado a efetuar modificações diretamente nos arquivos que compõem o tema. Isso torna possível a criação de seus próprios temas a partir de uma base previamente definida com as alterações aplicadas ao tema iniciante.

Já os temas de frameworks possuem alguma similaridade com os temas iniciantes. A diferença básica entre eles é que os primeiros dispõem de uma variedade maior de características, além do fato de haver um trabalho maior com um tema iniciante, em relação à sua personalização, ao passo que com os temas de frameworks podemos ter um tema funcional de forma mais direta.

A estrutura de um tema é formada por um conjunto de pastas e arquivos. Para que o WordPress considere como válido um tema, é preciso que estejam presentes um arquivo de folha de estilos denominado *style.css* e um arquivo de código PHP com o nome *index.php*.

Outros arquivos e pastas adicionais são necessários, como o arquivo de imagem denominado *screenshot.png*, que contém uma imagem de como deve ser o visual do tema, ou a pasta com o nome *images*, que abriga as imagens associadas com o tema. Você pode obter maiores informações sobre a estrutura dos temas WordPress por meio do endereço <www.codeinwp.com/blog/wordpress-theme-heirarchy>.

Além da facilidade de configuração da aparência geral do site, os temas também são responsáveis por uma característica muito importante que torna possível às páginas do site se adaptarem às dimensões do dispositivo que está sendo utilizado para visualização. Isso significa que não há mais necessidade de se desenvolver múltiplas versões do mesmo site, por exemplo, uma para visualização em computadores desktop ou notebooks e outra para dispositivos móveis (smartphones e tablets). A essa característica dá-se o nome de *design responsivo*.

7.2 ‹ INSTALAÇÃO DE USO DE TEMAS ›

O primeiro passo para utilizar um tema novo é instalá-lo, um processo que pode ser efetuado tanto com o download do arquivo a partir do site ou por meio de uma opção específica existente no painel de gerenciamento do WordPress, acessado quando se está executando o site no modo de administração.

Nesse último caso, é necessário acessar a **Aparência → Temas** para que seja aberta a tela mostrada pela Figura 7.2. Para adicionar um novo tema, deve-se clicar em **Adicionar novo** ou **Adicionar novo tema**. A tela da Figura 7.3 será então apresentada.

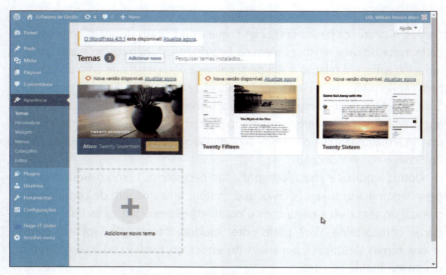

Figura 7.2 – Tela de gerenciamento de temas.

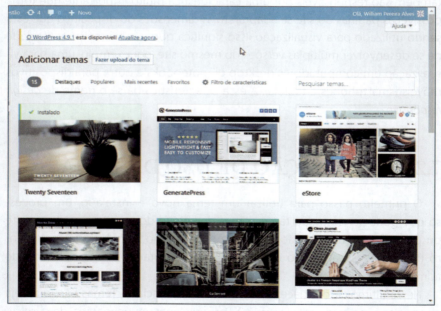

Figura 7.3 – Lista de temas para seleção.

Na Figura 7.3, você pode escolher um dos temas exibidos na página ou visualizar apenas os temas mais populares, mais recentes ou que sejam favoritos. Também é possível definir algumas configurações para filtrar os temas que deseja visualizar. Para isso, selecione o item **Filtro de características** e marque as opções desejadas na tela mostrada pela Figura 7.4. Veja um exemplo de definição de filtro na Figura 7.5. Clique no botão **Aplicar filtro**, assim você verá todos os temas que se enquadram nas especificações definidas para o filtro, como mostra o exemplo da Figura 7.6.

Figura 7.4 – Tela para filtragem de temas.

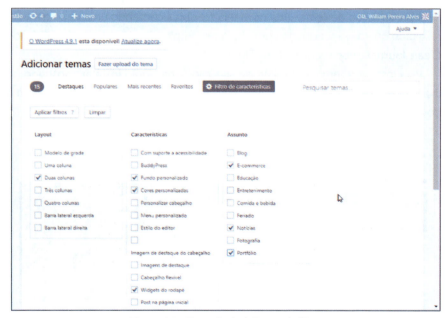

Figura 7.5 – Exemplo de definição de filtro.

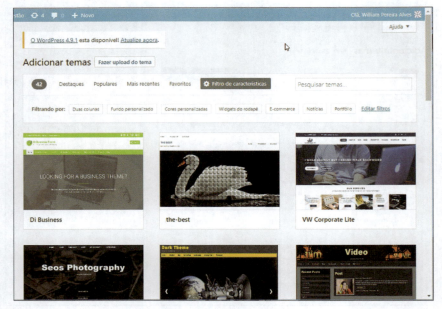

Figura 7.6 – Lista de temas que satisfazem o filtro.

Independentemente de ter sido aplicado um filtro ou não, ao clicar no quadro de representação do tema, uma nova tela é exibida contendo uma visão geral do resultado que deve ser obtido com ele. Por exemplo, clique no tema denominado **Clean Journal** e você verá a tela da Figura 7.7.

Para instalar o tema no projeto do site, clique no botão **Instalar**, mostrado no topo da tela de pré-visualização. A tela do gerenciador de temas retornará com o novo tema já instalado e pronto para seleção (Figura 7.8).

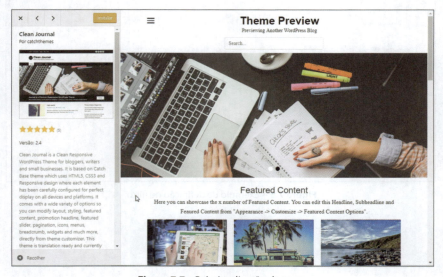

Figura 7.7 – Pré-visualização do tema.

Figura 7.8 – Novo tema adicionado ao projeto.

Depois de instalado, o tema pode ser utilizado no site com um clique no botão **Ativar**, mostrado quando o cursor é posicionado sobre a imagem do tema (Figura 7.9). A Figura 7.10 demonstra o visual do nosso site quando esse tema é ativado.

Figura 7.9 – Opção para ativação do tema.

Figura 7.10 – Aparência do site com o novo tema ativado.

Conforme mencionado no início do tópico, é possível baixar o arquivo de instalação do tema no próprio site. Para realizar o download, posicione o cursor sobre a imagem que representa o tema desejado e clique no botão **Baixar** (Figura 7.11). Para nosso exemplo, baixe o tema **Bluestreet**. Um arquivo compactado (formato ZIP) é copiado para sua máquina. Se ele for descompactado, seu conteúdo deve ser o apresentado na Figura 7.12.

Figura 7.11 – Lista de temas para download no site.

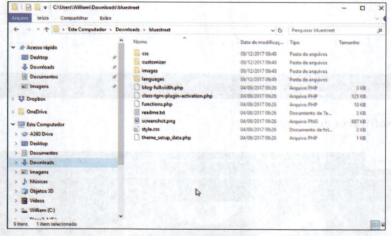

Figura 7.12 – Conteúdo do tema baixado do site.

Para instalar um tema que foi baixado do site, acesse a tela de gerenciamento de temas e clique no botão **Adicionar novo**, como já feito anteriormente. Então clique no botão **Fazer upload do tema** para que seja apresentada a tela da Figura 7.13. Clique em **Escolher arquivo** e, em seguida, selecione o arquivo em formato ZIP que foi baixado (Figura 7.14).

Após a seleção do arquivo do tema, o WordPress inicia o processo de instalação, conforme mostrado na Figura 7.15. Ao fim da instalação, tem-se o novo tema apresentado na tela de gerenciamento (Figura 7.16).

Figura 7.13 – Tela para instalar tema baixado do site.

Figura 7.14 – Seleção de arquivo de tema baixado.

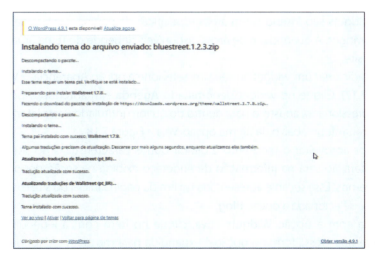

Figura 7.15 – Tela de informação do processo de instalação do tema baixado.

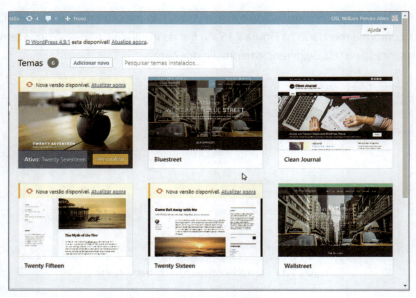

Figura 7.16 – Novo tema instalado no projeto.

7.3 ‹ WIDGETS E MENUS ›

Além dos plugins, que são extensões que adicionam recursos extras ao WordPress, também temos os widgets, que têm como objetivo oferecer uma forma fácil de personalização de alguns elementos do site, como barras laterais, cabeçalhos ou rodapés. Essa personalização é obtida por meio da adição de componentes extras, como calendários, listas clicáveis (páginas, posts recentes, categorias etc.), caixas de pesquisa, entre outros.

Os widgets são inseridos em áreas específicas da página, conhecidas como área de widget. A quantidade de áreas disponíveis depende do tema atualmente ativo no site.

Para adicionar um widget ao seu site, selecione a opção **Aparência → Widgets** (Figura 7.17). Clique no widget denominado **Agenda** e, mantendo o botão do mouse pressionado, arraste-o para dentro do quadro intitulado **Barra lateral** (coluna da direita), logo abaixo da última opção. Veja a Figura 7.18.

Vamos aproveitar o momento e definir outras características do site. A primeira alteração será na informação de endereço exibida na seção denominada **Encontre-nos**. Essa seção é apresentada no fim da página inicial do site e também quando é selecionada a opção **Blog**.

Ainda com a opção **Widgets** ativa, clique no item com a legenda **Texto: Encontre-nos**. Dessa forma, a opção é expandida para mostrar o editor de textos da Figura 7.19. Altere o texto para o seguinte:

Endereço:

Av. Brig. Luis Antônio, 1001 – Jd. Cerejeiras
Atibaia, SP, CEP: 12345-678

Horário:
Segunda-sexta: 8h-17:30h

Veja a Figura 7.20. Para concluir a alteração, clique no botão **Salvar**.

Figura 7.17 – Tela de gerenciamento de widgets.

Figura 7.18 – Adição do widget calendário.

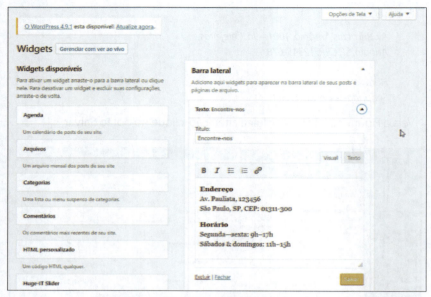

Figura 7.19 – Editor de texto para a seção *Encontre-nos*.

De forma similar, altere o texto da seção identificada como **Texto: Sobre este site** para que fique conforme indicado na Figura 7.21.

Figura 7.20 – Texto com alterações.

Figura 7.21 – Texto com alterações.

Após gravar as alterações, volte a acessar o item **Painel** e, em seguida, clique no botão **Personalize seu site**. Desloque a tela até que sejam visualizadas as duas últimas seções, como mostrado na Figura 7.22.

Clique no ícone de edição (círculo azul com um lápis) do item **Encontre-nos**. Digite o mesmo texto informado anteriormente nessa seção do quadro **Barra**

lateral (Figura 7.23). Altere também o texto da seção **Sobre este site**, conforme indicado na Figura 7.24.

Figura 7.22 – Áreas de textos a serem alterados.

Figura 7.23 – Texto da seção *Encontre-nos*.   **Figura 7.24** – Texto da seção *Sobre este site*.

Depois de terem sido efetuadas essas alterações, volte a visualizar o site. Clique na opção **Blog** e visualizará a tela da Figura 7.25. A Figura 7.26 exibe a segunda parte da página aberta pela opção **Blog**. Note o calendário adicionado automaticamente.

Figura 7.25 – Visualização da barra lateral com as alterações.

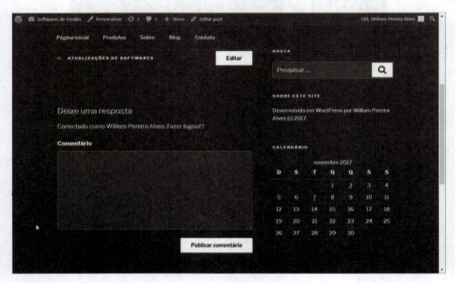

Figura 7.26 – Visualização do calendário adicionado com o widget.

Estando na página inicial do site, navegue até o fim dela para poder ver as informações referentes às seções **Encontre-nos** e **Sobre este site** (Figura 7.27).

Na Figura 7.27, podemos ver que existem, na base da página, à esquerda, cinco ícones circulares. Eles permitem que sejam acessados alguns links de redes sociais, além de possibilitar o envio de e-mail. Por meio da área de administração do site, é possível configurar quais ícones serão exibidos ou adicionar novas opções.

Figura 7.27 – Visualização da última seção da página principal.

Acesse a opção **Aparência** → **Menus**, a qual abrirá a tela da Figura 7.28. Para alterar as configurações de uma das opções, clique nele para abrir os campos de edição, conforme mostrado na Figura 7.29.

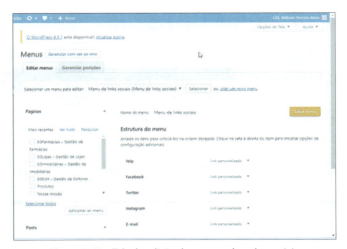

Figura 7.28 – Tela de edição dos menus de redes sociais.

Figura 7.29 – Campos de edição do menu de links sociais.

Ao clicar no botão **Remover**, o item é excluído da página. Veja o exemplo da Figura 7.30.

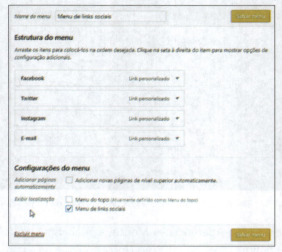

Figura 7.30 – Exemplo de menu de link social removido da página.

O próximo capítulo apresentará o processo de publicação do site em um provedor de hospedagem.

EXERCÍCIOS

1. Altere a aparência dos títulos dos softwares, exibidos na página **Produtos**, para o tipo **Cabeçalho 1**.

2. Desabilite a visualização de todos os links sociais, na página de configurações de menu.

8

PUBLICAÇÃO DO SITE

INTRODUÇÃO

Este capítulo descreve o processo envolvido na publicação do site, desde a criação de arquivos de scripts SQL contendo a estrutura do banco de dados, até o envio dos arquivos que formam o site (inclusive o framework WordPress) para o provedor.

8.1 ‹ COMO EXPORTAR O BANCO DE DADOS ›

Até agora trabalhamos com nosso site localmente, ou seja, nossa máquina de desenvolvimento executava as funções de servidor web. Chegou o momento de hospedá-lo em um provedor para que ele possa ser acessado por qualquer usuário da internet.

O primeiro passo para a publicação do nosso site em WordPress é escolher um provedor de hospedagem. Existem vários disponíveis, desde os gratuitos até os pagos. Mesmo os provedores pagos oferecem diversas opções de pacotes de hospedagem, com valores que variam bastante.

Após ter sido definido o provedor de hospedagem do site, o passo seguinte é exportar o banco de dados criado automaticamente pelo WordPress no momento da sua instalação. Para isso, execute o MySQL Workbench e inicie o servidor local que foi definido no Capítulo 2. Acesse o banco de dados do site, que em nosso caso é denominado *db_softgestao* (Figura 8.1).

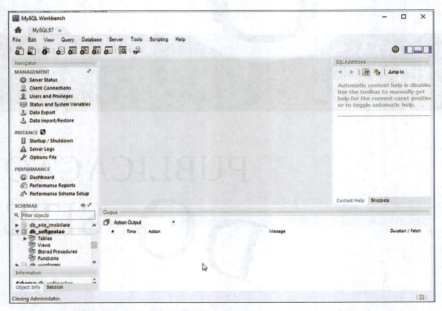

Figura 8.1 – Banco de dados do site acessado no MySQL Workbench.

Clique na opção **Data Export**, do grupo **Management**, e a tela da Figura 8.2 será apresentada em seguida. Selecione o banco de dados **db_softgestao** e marque todas as tabelas (Figura 8.3). Marque também as três opções do quadro **Objects to Export**.

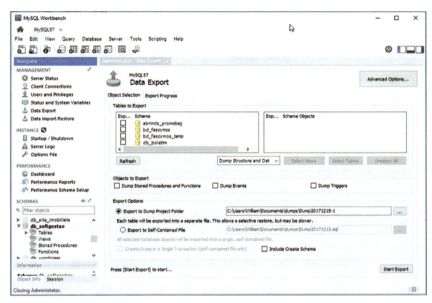

Figura 8.2 – Tela de exportação de dados do MySQL Workbench.

Para escolher a pasta em que devem ser gravados os arquivos de exportação de dados (um para cada tabela), clique no botão com reticências e, em seguida, selecione a pasta desejada na caixa de diálogo da Figura 8.4.

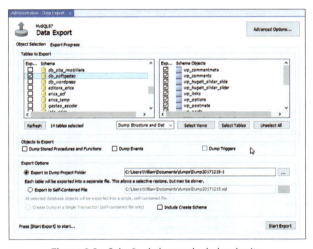

Figura 8.3 – Seleção do banco de dados do site.

Para iniciar a exportação da estrutura e dos dados, clique no botão **Start Export**. Ao fim do processo, você verá uma tela similar à da Figura 8.5.

Veja na Figura 8.6 os arquivos criados por esse processo de exportação. Note que existe um arquivo para cada tabela do banco de dados.

Figura 8.4 – Seleção de pasta para gravação dos arquivos de exportação dos dados.

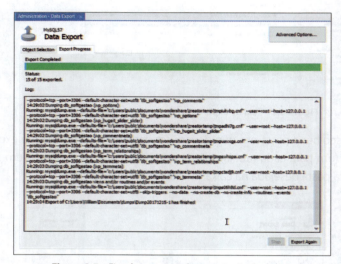

Figura 8.5 – Fim do processo de exportação de dados.

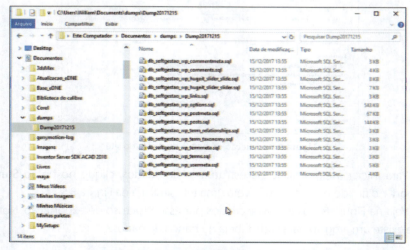

Figura 8.6 – Fim do processo de exportação de dados.

8.2 ‹ IMPORTAÇÃO DAS TABELAS DO BANCO DE DADOS ›

Utilizaremos para nosso estudo um provedor que oferece o serviço de hospedagem gratuita. Por meio dele, podemos, entre outras tarefas, criar um banco de dados MySQL para nossos sites ou gerenciar os arquivos que fazem parte da estrutura do site.

Esse gerenciamento é efetuado totalmente por meio de uma interface web, acessada pelo navegador. A Figura 8.7 exibe a tela inicial dessa ferramenta de gerenciamento.

Figura 8.7 – Tela inicial do gerenciador de site.

Vamos criar o banco de dados utilizando os arquivos gerados pelo processo de exportação do MySQL Workbench. Clique na opção **Gerenciar banco de dados**, assim a tela da Figura 8.8 é apresentada.

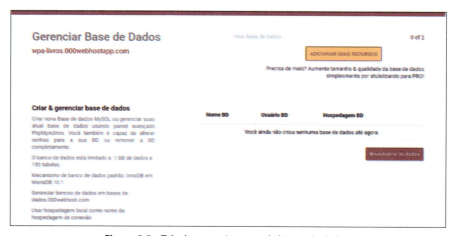

Figura 8.8 – Tela de gerenciamento de banco de dados.

A criação do banco de dados se dá por meio de um clique no botão **Novo banco de dados**. Com isso, a tela da Figura 8.9 é exibida para que seja especificado o nome do banco de dados (**db_softgestao**, em nosso caso), a identificação do usuário e a senha de acesso. Essas duas últimas informações devem ser as mesmas utilizadas na criação do banco de dados (procedimento abordado no Capítulo 2).

Depois de especificadas essas informações, clique no botão **Criar**. Após ter sido finalizada a criação, a tela retornará com a identificação do banco de dados (nome do banco e do usuário).

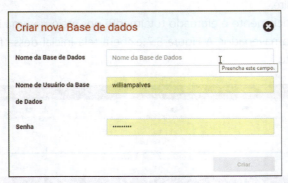

Figura 8.9 – Tela para criação do banco de dados.

Agora devemos adicionar as tabelas a esse banco de dados. Para isso, clique no botão **Gerencie** e escolha a opção **PhpMyAdmin** (Figura 8.10). Isso faz com que essa ferramenta de gerenciamento de banco de dados seja executada (Figura 8.11).

Figura 8.10 – Menu de gerenciamento de banco de dados.

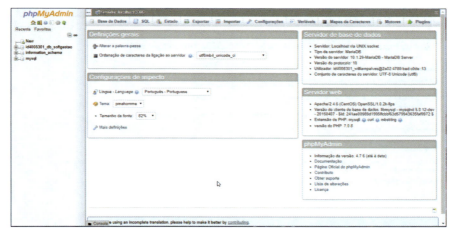

Figura 8.11 – Tela da ferramenta de gerenciamento
PhpMyAdmin.

Abra o banco de dados do site clicando na opção identificada pela expressão **_db_softgestao**. Dessa forma, é apresentada a tela da Figura 8.12. Acesse a aba denominada **Importar** (Figura 8.13).

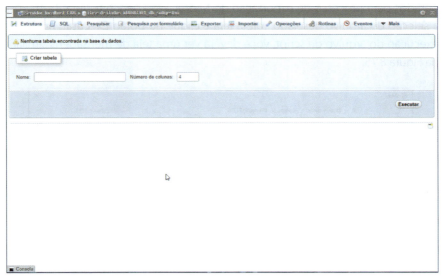

Figura 8.12 – Tela para manipulação dos componentes
do banco de dados.

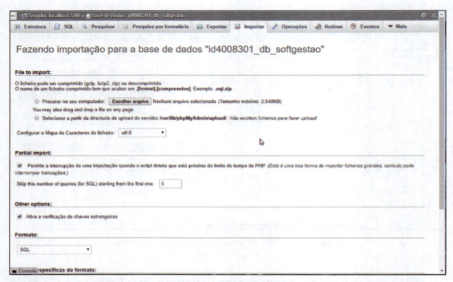

Figura 8.13 – Tela para importação de arquivo de script SQL de base de dados.

Clique no botão **Escolher arquivo** e, em seguida, selecione um dos arquivos gerados pelo processo de exportação do MySQL Workbench (Figura 8.14). Após a seleção do arquivo desejado, role a tela e clique no botão **Executar**. Ao fim da execução do arquivo de script, você deverá ver uma tela de mensagens similar à da Figura 8.15.

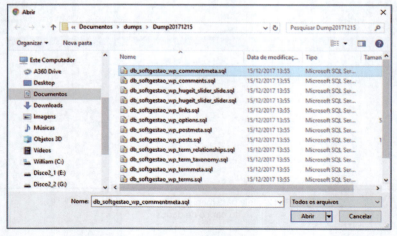

Figura 8.14 – Tela para seleção de arquivo de script SQL.

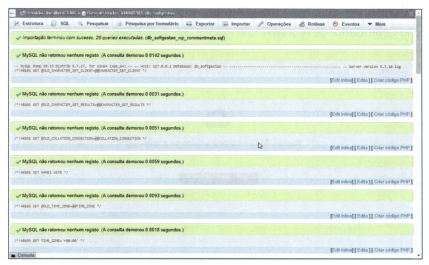

Figura 8.15 – Tela de mensagens após execução do arquivo de script.

Repita essa operação para todos os arquivos de script. A Figura 8.16 exibe a aba **Estrutura** contendo todas as tabelas já devidamente importadas.

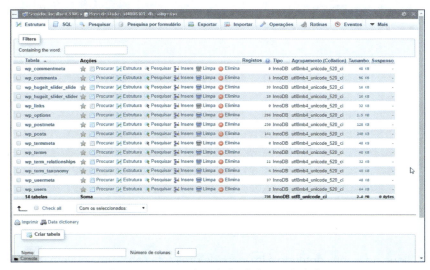

Figura 8.16 – Lista das tabelas do banco de dados.

8.3 ‹ ENVIO DOS ARQUIVOS DO SITE ›

A ferramenta de gerenciamento disponibilizada pelos provedores de hospedagem oferece um recurso de envio dos arquivos que compõem o site. No caso do provedor escolhido para nosso estudo, esse recurso é acessado por meio da opção **Gerenciador de Arquivos**, que exibe a tela da Figura 8.17.

Figura 8.17 – Tela inicial da opção de gerenciamento de arquivos do site.

Para enviar os arquivos, clique no botão **Fazer upload de arquivos agora** para que seja apresentada a tela da Figura 8.18.

Figura 8.18 – Tela para execução do upload de arquivos do site.

Clique no ícone contendo a imagem de uma seta sobre uma nuvem ( ), assim é apresentada a tela da Figura 8.19 para seleção dos arquivos.

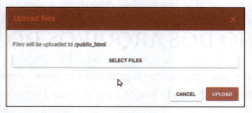

Figura 8.19 – Tela para seleção de arquivos para upload.

Clique no botão **Select Files** e na caixa de diálogo apresentada na Figura 8.20, selecione os arquivos que deseja enviar para o provedor. Após finalizar a seleção, clique no botão **Abrir** para retornar à tela anterior (Figura 8.21). Clique no botão **Upload** localizado na base da tela (canto direito inferior).

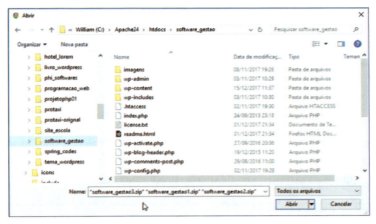

Figura 8.20 – Caixa de diálogo de seleção de arquivos.

Figura 8.21 – Lista dos arquivos selecionados para envio ao provedor.

Outra opção, certamente a mais indicada, é o uso de um software cliente FTP. Para ter acesso às configurações do serviço de FTP disponível para o site, acesse a tela mostrada pela Figura 8.22 clicando no botão **Vamos fazer isso**, localizado na tela inicial do gerenciador de arquivos.

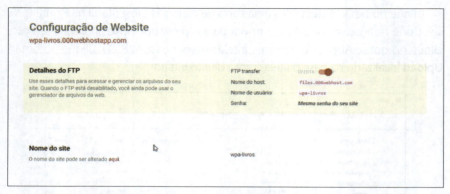

Figura 8.22 – Informações para envio de arquivos via cliente FTP.

Execute seu programa cliente FTP e configure um endereço com as informações apresentadas. Então conecte com o servidor FTP e envie os arquivos do site. Veja na Figura 8.23 um exemplo de uso do programa FileZilla.

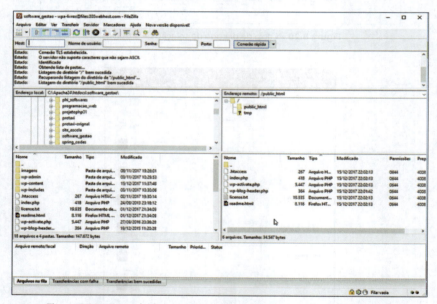

Figura 8.23 – Exemplo de envio de arquivos via programa cliente FTP FileZilla.

Assim, finalizamos o aprendizado sobre o desenvolvimento de sites utilizando o framework WordPress. Nele, conhecemos os principais recursos oferecidos pelo WordPress para o desenvolvimento de sites, como inserção e edição de páginas, alteração de imagens, adição de menus, uso de temas, além da inclusão de widgets e plugins para tornar o site mais sofisticado.

Os recursos e limites da aplicabilidade do WordPress não se encerram aqui. É importante você continuar seus estudos, pesquisas, desenvolver novos projetos e usar sua criatividade.

Existem diversos componentes (temas, plugins e widgets) já prontos para uso, que podem lhe auxiliar muito em seus projetos, como aqueles que permitem o desenvolvimento de sites de e-commerce (lojas virtuais). Portanto, realize novas experiências, pois somente o estudo e a dedicação podem aperfeiçoar seu conhecimento e serem valiosos para suas aplicações.

BIBLIOGRAFIA

KRÓL, K. **WordPress 4.x Complete**. Birminghan: Packt Publishing, 2015.

LEARY, S. **Beginning WordPress 3**: Make great websites the easy way. New York: Apress, 2010.

MURACH, J. **Murach's MySQL**. 2. ed. Califórnia: Mike Murach and Associates, 2015.

RATNAYAKE, R. N. **WordPress Web Application Development**. 2. ed. Birminghan: Packt Publishing, 2015.

TAHAGHOGHI, S. M. M.; WILLIAMS, H. E. **Learning MySQL**. Sebastopol: O'Reilly Media, 2007.

WILLIAMS, B.; DAMSTRA, D.; STERN, H. **Professional WordPress:** Design and Development. 3. ed. Indianápolis: John Wiley & Sons, 2015.

WORDPRESS. **Codex**. Disponível em: <http://codex.wordpress.org/pt-br:Página_Inicial>. Acesso em: 2 fev. 2018.

_____. **Conheça o WordPress**. Disponível em: <http://br.wordpress.org>. Acesso em: 2 fev. 2018.

MARCAS REGISTRADAS

Apache® é marca registrada da Apache Software Foundation.

MySQL® é marca registrada da Oracle Corporation Inc.

Windows® é marca registrada da Microsoft Corporation.

PHP® é marca registrada da PHP Group.

Photoshop® e Dreamweaver® são marcas registradas da Adobe Systems Inc.

WordPress é marca registrada da WordPress.com.